Coleção

Eu gosto m@is

CÉLIA PASSOS

Cursou Pedagogia na Faculdade de Ciências Humanas de Olinda – PE, com licenciaturas em Educação Especial e Orientação Educacional. Professora do Ensino Fundamental e Médio (Magistério) e coordenadora escolar de 1978 a 1990.

ZENEIDE SILVA

Cursou Pedagogia na Universidade Católica de Pernambuco, com licenciatura em Supervisão Escolar. Pós-graduada em Literatura Infantil. Mestra em Formação de Educador pela Universidade Isla, Vila de Nova Gaia, Portugal. Assessora Pedagógica, professora do Ensino Fundamental e supervisora escolar desde 1986.

3º ANO

ENSINO FUNDAMENTAL

GEOGRAFIA

4ª edição
São Paulo
2020

IBEP

Coleção Eu Gosto Mais
Geografia 3º ano

Diretor superintendente Jorge Yunes
Diretora adjunta editorial Célia de Assis
Coordenadora editorial Adriane Gozzo
Assessoria pedagógica Valdeci Loch
Editora Soraia Willnauer
Assistente editorial Selma Gomes
Revisores Denise Santos, Janaína Silva, Jaci Albuquerque e Cássio Pelin
Secretaria editorial e processos Elza Mizue Hata Fujihara
Coordenadora de arte Karina Monteiro
Assistente de arte Aline Benitez e Lye Longo Nakagawa
Assistentes de iconografia Victoria Lopes, Irene Araújo e Ana Cristina Melchert
Ilustração José Luís Juhas, Dawidson França, Mw Ed. Ilustrações, Lu Kobayashi, J. C. Silva/ M10, Anderson de Oliveira Santos, Fábio/Imaginário Studio, Eunice/Conexão, Imaginário Studio e Ulhôa Cintra
Assistente de produção gráfica Marcelo Ribeiro
Projeto gráfico e capa Departamento de Arte - Ibep
Ilustração da capa Manifesto Game Studio/BoxEdea
Diagramação ED5/Formato Comunicação

CIP-BRASIL. CATALOGAÇÃO NA PUBLICAÇÃO
SINDICATO NACIONAL DOS EDITORES DE LIVROS, RJ

P32e
4. ed.

Passos, Célia
Eu gosto mais : geografia : 3º ano : ensino fundamental / Célia Passos, Zeneide Silva. - 4. ed. - São Paulo : IBEP, 2020.
: il. (Eu gosto mais)

ISBN 978-65-5696-014-2 (aluno)
ISBN 978-65-5696-015-9 (professor)

1. Geografia - Estudo e ensino (Ensino fundamental). I. Silva, Zeneide. II. Título. III. Série.

20-64031 CDD: 372.891
CDU: 373.3.016:91

Meri Gleice Rodrigues de Souza - Bibliotecária CRB-7/6439
20/04/2020 22/04/2020

4ª edição – São Paulo – 2020

IBEP

Rua Gomes de Carvalho, 1306, 12º andar, Vila Olímpia
São Paulo - SP - 04547-005 - Brasil - Tel.: (11) 2799-7799
www.editoraibep.com.br editoras@ibep-nacional.com.br

APRESENTAÇÃO

Querido aluno, querida aluna,

Elaboramos para vocês a Coleção **Eu gosto m@is**, rica em conteúdos e atividades interessantes, para acompanhá-los em seu aprendizado.

Desejamos muito que cada lição e cada atividade possam fazer vocês ampliarem seus conhecimentos e suas habilidades nessa fase de desenvolvimento da vida escolar.

Por meio do conhecimento, podemos contribuir para a construção de uma sociedade mais justa e fraterna: esse é o nosso objetivo ao elaborar esta coleção.

Um grande abraço,

As autoras

SUMÁRIO

LIÇÃO | PÁGINA

1 A vida em comunidade 6
- As comunidades 6
- Diferentes tipos de comunidades 9
- Ser cidadão 10

2 A vida nos bairros 17
- Os bairros nos espaços urbanos 18
- Os bairros nos espaços rurais 18

3 Os trabalhadores urbanos e rurais 23
- O trabalhador urbano 23
- O trabalho na indústria 24
- O trabalho no comércio 25
- O trabalho rural 29
- O trabalho na agricultura 30
- O trabalho na pecuária 30
- As indústrias do campo 31
- Os desafios da vida no campo 31

4 Campo e cidade se completam 40
- Êxodo rural 42

LIÇÃO | PÁGINA

5 Elementos da paisagem: a água ... 51
- A água salgada ... 53
- A água doce ... 54

6 Elementos da paisagem: plantas e animais ... 65
- Os animais e a paisagem ... 66
- As plantas e a paisagem ... 68

7 Elementos da paisagem: relevo ... 78
- Relevo natural ... 79
- Relevo modificado ... 80
- Formas de representação da paisagem ... 85

8 Interferência humana na paisagem ... 94
- As relações entre os seres humanos e os elementos da paisagem ... 96
- Os tipos de extrativismo ... 99
- Fontes de energia ... 99

ALMANAQUE ... 109
ADESIVOS ... 113

LIÇÃO 1

A vida em comunidade

Todos gostam de estar na companhia de amigos e familiares porque juntos podemos brincar, conversar e nos divertir. Quando nos reunimos com outras pessoas, formamos um grupo, que compartilha interesses e aspectos culturais comuns.

Esses grupos de pessoas, ao se organizarem em um mesmo local, criam vínculos e regras de convivência. Assim se forma uma **comunidade**.

Em uma comunidade, todos precisam:

- respeitar uns aos outros;
- colaborar uns com os outros;
- respeitar as regras decididas pelo grupo;
- exigir seus direitos e cumprir seus deveres.

As comunidades

Grupos diferentes podem formar uma comunidade:

- a família;
- os alunos e os funcionários de uma escola;
- as pessoas que frequentam uma igreja;
- os moradores de uma rua, de um bairro ou de uma cidade.

JOA SOUZA/SHUTTERSTOCK

Escola indígena do povo Pataxó, em Jaqueira, Porto Seguro (BA).

Você já pensou de quantas comunidades faz parte?

A comunidade familiar

A família é uma pequena comunidade.

Geralmente, é o primeiro grupo do qual fazemos parte.

Uma comunidade familiar pode ser formada, por exemplo, pelos pais e pelos filhos, por apenas um dos pais e seus filhos, por avós e netos, por tios e sobrinhos, entre outras possibilidades. As crianças que vivem em orfanatos formam uma comunidade com o grupo de crianças e de adultos com os quais convivem.

RAWPIXEL.COM/SHUTTERSTOCK

É importante que todos contribuam para manter a harmonia na comunidade familiar.

No dia a dia da família, todos devem colaborar e dividir o trabalho da casa participando das atividades familiares. Tratar a comunidade familiar com paciência e atenção é outra forma de contribuir para que todos se sintam bem.

A comunidade escolar

Existe outra comunidade da qual você certamente faz parte: a escola.

Assim como na nossa família, precisamos respeitar as pessoas e as regras da nossa comunidade escolar para que também tenhamos nossos direitos respeitados.

Tanto os funcionários como os alunos de uma escola têm direitos e deveres. É importante que cada um conheça seus direitos e cumpra seus deveres.

DELFIM MARTINS

Essa é a sala de aula de uma escola municipal de Ensino Fundamental localizada no município de Salgueiro (PE).

ATIVIDADES

1 Use as informações obtidas nesta lição para responder às perguntas a seguir.

a) Descreva o que é uma comunidade.

____

____

b) Como as pessoas de uma comunidade devem viver?

____

____

2 Marque um **X** nas frases que mostram regras importantes para que todos na nossa comunidade familiar se sintam bem.

- [ ] Dividir o trabalho da casa, participando das atividades familiares.
- [ ] Não respeitar os pais ou os avós.
- [ ] Tratar as pessoas da família sem paciência.
- [ ] Dar atenção às pessoas da comunidade familiar.

3 Que tal conhecer melhor as pessoas da comunidade de sua escola? Escreva:

a) o nome do diretor ou da diretora: ______________________

b) o nome de seu professor ou de sua professora: ______________________

c) o nome de outros funcionários da escola: ______________________

____

d) o nome de alguns colegas de turma: ______________________

____

4 Seu grupo de amigos também forma uma comunidade. Faça um desenho de vocês em alguma de suas aventuras.

Diferentes tipos de comunidades

Observe as fotos a seguir.

LUIS CARLOS TORRES/SHUTTERSTOCK

Pescadores se unem para ajudar a puxar barco de pesca do mar. Florianópolis (SC).

FRONTPAGE/SHUTTERSTOCK

Indígenas do povo Kamayura tocam flauta sagrada. Parque do Xingu (MT).

CESAR DINIZ/PULSAR IMAGENS

Quilombolas durante festa em comemoração ao Dia da Consciência Negra. Araruama (RJ).

A.PAES/SHUTTERSTOCK

Crianças reunidas para foto do time de futebol. Rio de Janeiro (RJ).

O que há em comum nas fotos da página anterior?

Todos estão em convivência com pessoas com as quais convivem. O que os torna membros de uma comunidade são os vínculos afetivos, socioeconômicos e culturais comuns nos lugares onde vivem, estudam e trabalham.

Os interesses comuns e a aceitação das regras de convivência caracterizam uma comunidade e identificam seus membros. Nas atividades que desenvolvem, nos hábitos alimentares, no idioma que falam e nas tradições que preservam, podemos identificar as marcas de cada comunidade, como os pescadores que ajudam uns aos outros a recolher do mar os barcos de pesca, os indígenas Kamayura que se reunidos para tocar o instrumento sagrado, as mulheres que se enfeitam para a celebração e os meninos que fazem pose para registrar o convívio no jogo do futebol.

Ser cidadão

Para conviver em comunidade, as pessoas precisam exercer direitos e deveres. Respeitar o direito das outras pessoas e cumprir com os deveres são atitudes de cidadão.

Todo cidadão tem direito:

- ao trabalho;
- a estudar em uma escola qualificada;
- à alimentação diária;
- a uma moradia digna;
- ao divertimento, à cultura e ao lazer.

É dever de todo cidadão:

- respeitar as normas da empresa onde trabalha;
- respeitar as leis do país;
- zelar pelos bens públicos;
- respeitar as outras pessoas, sem impor regras.

GELPI/SHUTTERSTOCK

O lazer é um direito de todo cidadão. A foto de artistas mostra a apresentação de artistas circenses em apresentação para o público, 2014.

WWW.FOTOARENA.COM.BR

Equipe de catadores voluntários coletando lixo na praia de Copacabana, Rio de Janeiro (RJ). em 2017.

Os direitos e os deveres dos cidadãos estão registrados em vários documentos. Conheça um deles a seguir.

Convenção sobre os Direitos da Criança

1. Todas as pessoas com menos de 18 anos têm todos os direitos inscritos na Convenção sobre os Direitos das Crianças.

2. Toda criança tem direitos iguais, seja qual for sua raça, sexo, língua ou religião, independentemente de onde nasceu, se tem alguma deficiência ou se é rica ou pobre.

3. O adulto responsável pela criança deverá fazer sempre o melhor por ela.

4. Os Estados adotarão todas as medidas administrativas, legislativas e de outra natureza para a implantação dos direitos reconhecidos na Convenção.

5. Os Estados respeitarão as responsabilidades, os direitos e os deveres dos pais, ou, se for o caso, membros da família ou da comunidade, de proporcionar à criança instrução e orientação adequadas.

6. Toda criança tem direito à vida.

7. A criança tem direito a um nome a ser registrado, a uma nacionalidade e o direito de conhecer e ser educado pelos pais.

8. Sua identidade será respeitada e preservada pelo Estado.

9. A criança não deve ser separada de seus pais, a não ser que seja para seu próprio bem.

10. Se a criança e os pais viverem em países diferentes, ela tem o direito de ir viver junto deles.

GELPI/SHUTTERSTOCK

ONU. Convenção sobre os Direitos da Criança. Disponível em: <www.unicef.org/brazil/pt/resources_10120.html>. Acesso em: 4 ago. 2018. Adaptado.

Direitos e deveres da escola

Na escola, os funcionários têm os seguintes direitos:

- serem respeitados;
- trabalharem em um ambiente limpo e seguro;
- receberem o material necessário para o seu trabalho;
- receberem um salário justo.

Toda comunidade tem seus direitos e deveres, mesmo que não estejam escritos.

Por outro lado, os funcionários devem cumprir seus deveres:

- respeitarem os alunos e os demais funcionários;
- conhecerem bem o seu trabalho;
- cooperarem para o bom funcionamento da escola;
- serem responsáveis pelo trabalho. Serem pontuais e não faltarem sem um motivo justo.

Direitos e deveres dos alunos

Os alunos de uma escola devem conhecer seus direitos e deveres.

É **direito** do aluno:

- ser respeitado;
- ter segurança;
- receber ensino e educação de qualidade;
- ter professores competentes;
- dar opiniões;
- ter um lugar na sala de aula;
- ter um local para brincar;
- ter uma escola limpa e agradável.

JOSÉ LUIS JUHAS

É **dever** do aluno:

- respeitar e tratar bem os colegas e os funcionários que trabalham na escola;
- estudar e fazer as lições;
- cuidar do material escolar;
- ir à escola todos os dias;
- ser pontual;
- zelar pela limpeza e pela conservação da escola.

JOSÉ LUIS JUHAS

ATIVIDADES

1. Releia o trecho da Convenção sobre os Direitos da Criança. Escreva dois direitos garantidos às crianças por esse documento.

____

____

2. Procure em jornais e revistas imágens que retratam crianças cumprindo seus deveres e tendo seus direitos garantidos. Cole-as no quadro correspondente.

Crianças cumprindo deveres.	**Crianças usufruindo seus direitos.**

3. Como você contribui para a boa convivência em sua comunidade escolar?

____

____

4 Algumas atitudes melhoram o convívio na comunidade. Leia as mensagens dos quadros e faça um desenho para representar cada uma.

Não economize sorrisos. Sorria sempre!

Seja educado. Desejar "bom-dia!" e "boa-tarde!" não custa nada e faz muito bem.

5 Além da família e da escola, você convive em outra comunidade? O que a caracteriza?

6 Alguém da sua família participa de outras comunidades? Escreva quais são as características delas.

EU GOSTO DE APRENDER

Nesta lição, você estudou:

- Vivemos em comunidade, seja na família, na escola, na rua, no bairro ou até na cidade.
- A família é, em geral, o primeiro grupo no qual convivemos.
- A escola é outro exemplo de comunidade.
- As comunidades possuem características relacionadas às atividades que desenvolvem, aos seus hábitos alimentares, às tradições etc.
- Os membros de uma comunidade se identificam uns com os outros.
- Existem regras para a vida em comunidade
- Para viver em comunidade, as pessoas exercem direitos e deveres.

ATIVIDADES

Observe a pintura a seguir.

SAN BERTINI

Festa junina (2004), de San Bertini. Óleo sobre tela, 50 cm × 70 cm.

1. O que a pintura representa?

___

2. A pintura mostra uma comunidade?

___

EU GOSTO DE APRENDER +

Incra reconhece terras de comunidades quilombolas em quatro estados

[...]

As comunidades quilombolas são grupos étnicos, predominantemente constituídos de população negra rural ou urbana, descendentes de ex-escravizados, que se autodefinem a partir das relações específicas com a terra, o parentesco, o território, a ancestralidade, as tradições e práticas culturais próprias. Segundo o Incra, estima-se que em todo o país existam mais de 3 mil comunidades quilombolas.

As terras ocupadas por remanescentes das comunidades dos quilombos são utilizadas para a garantia de sua reprodução física, social, econômica e cultural. Para o Incra, como parte de uma reparação histórica, a política de regularização fundiária de territórios quilombolas é de suma importância para a dignidade e garantia da continuidade desses grupos étnicos.

[...]

Andreia Verdélio. Incra reconhece terras de comunidades quilombolas em quatro estados. Disponível em: <http://agenciabrasil.ebc.com.br/direitos-humanos/noticia/2017-08/incra-reconhece-terras-de-comunidades-quilombolas-em-quatro-estados>. Acesso em: 30 jun. 2018.

ATIVIDADES COMPLEMENTARES

No Brasil existem muitas outras comunidades além dos quilombolas – que você estudou nesta lição –, como os seringueiros da Região Norte, as diversas etnias dos povos indígenas, os catadores de caranguejos dos manguezais e os descendentes de imigrantes japoneses. Selecione uma comunidade e faça uma pesquisa sobre suas características.

LIÇÃO 2

A vida nos bairros

Há pessoas que vivem em espaços urbanos, as cidades. Outras moram em espaços rurais, os campos. Cada espaço tem características próprias.

Nas cidades, as pessoas geralmente moram em casas e apartamentos localizados em ruas, avenidas e praças. Essas pessoas podem trabalhar em lojas, bancos, hospitais, escolas, fábricas etc.

No campo, predominam casas, sítios e fazendas, espaços de grandes áreas verdes. Muitas pessoas vivem da plantação de alimentos e da criação de animais.

No Brasil, também é comum a existência de espaços com características urbanas e rurais. Cada espaço costuma ser dividido em áreas menores com características comuns, chamadas bairros.

JULIANO CRUZ FOTOGRAFIA/SHUTTERSTOCK

Área urbana do município de Joinville (SC), no em 2018.

HENRIQUEWESTIN/SHUTTERSTOCK

Área rural do interior do Brasil.

Você vive em um espaço rural ou urbano?

Os bairros nos espaços urbanos

ISMAR INGBER/PULSAR IMAGENS

Estação de metrô da cidade do Rio de Janeiro (RJ), em 2010.

As famílias da cidade, em geral, têm maior acesso aos serviços de:

- eletricidade;
- água e esgoto tratados;
- transportes coletivos, como ônibus, trem e metrô;
- saúde (médicos, hospitais, dentistas etc.);
- bancos;
- comércio variado;
- comunicação (jornais, revistas, rádio, televisão, correio etc.).

Esses serviços não ficam concentrados em uma área. Espalham-se pelos bairros, de acordo com as características de cada um.

À medida que um bairro cresce, também são ampliados os recursos que lhe dão suporte, como supermercados, escolas, feiras, hospitais, lojas e áreas de lazer.

Nas grandes cidades, às vezes, os bairros têm o tamanho e os recursos de uma pequena cidade.

Muitas vezes, os moradores dos bairros formam grupos para lutar por melhorias no bairro.

Os bairros nos espaços rurais

No espaço rural, as pessoas organizam-se em grupos de vizinhança onde predominam as relações de ajuda mútua.

Essa ajuda pode ser por meio do trabalho realizado pela família para garantir o sustento da casa, ou, quando necessário, um vizinho ajuda o outro, principalmente na época do plantio e da colheita.

LISANDRO LUIS TRARBACH/SHUTTERSTOCK

Na zona rural, as casas são mais afastadas umas das outras. Paisagem rural de Torres (RS).

Nos finais de semana, vizinhos e parentes costumam se reunir e realizar atividades diversas, como festas e eventos religiosos.

Os bairros rurais diferenciam-se dos urbanos quanto à forma de trabalho. Geralmente, as casas são construídas longe umas das outras, com predomínio de sítios, chácaras e fazendas em que se realiza o plantio de produtos e a criação de animais.

ATIVIDADES

1. Como você classifica o tipo de bairro em que mora: residencial, comercial, industrial, rural ou misto?

____

2. Para que seus amigos possam encontrar o lugar onde você mora, precisam de seu endereço e de pontos de referência, como uma farmácia, um supermercado, uma igreja, o nome de uma chácara, de um rio etc. Complete a ficha a seguir com as informações do seu endereço.

Nome da rua: ____

____

Nº: _____ Complemento: _______________________________

Bairro: _______________________________ CEP: _______________

Cidade: ______________________ Estado: ______________________

3. Escreva o nome de três pontos de referência próximos da casa onde você mora.

____

____

4. Observe, na página 17, as fotos que mostram dois tipos de bairro: um localizado em um espaço urbano e, outro, em um espaço rural. Quais diferenças você observa entre eles?

____

EU GOSTO DE APRENDER

Nesta lição, você estudou:

- As pessoas vivem em espaços urbanos (cidades) ou rurais.
- Na cidade, as pessoas vivem em casas ou apartamentos.
- No campo, as pessoas vivem em chácaras, sítios e fazendas.
- Os recursos disponíveis nas áreas urbanas são diferentes dos encontrados nas áreas rurais.

ATIVIDADES

1. Se você mora na cidade, você já foi ao campo? O que observou lá de diferente do lugar onde você vive?

____

____

____

____

____

2. Se você mora no campo, você já foi à cidade? O que observou de diferente do lugar onde você vive?

____

____

____

____

A cidade muda

Na tranquila, ensolarada e bonita cidade de Rio Claro eu comecei a descobrir que a cidade muda. Isso aconteceu algum tempo atrás – quando eu era criança. Era esquisito deixar a rua de terra onde todas as crianças brincavam, sair de férias e, ao voltar, descobrir que o asfalto tinha tomado conta do bairro todo. [...]

Mas eu era muito pequeno e não sabia o que fazer. Na verdade nem sabia o que estava acontecendo. [...]

Bem, o tempo passou, eu cresci e tive que deixar a cidade de que tanto gostava. [...] Fui conhecer outros povos e outras culturas. Finalmente acabei por me estabelecer em São Paulo [...]. E foi exatamente nessa cidade que a minha percepção das transformações ficou mais aguçada. Tudo aquilo que eu percebia na minha calma Rio Claro, acontecia numa velocidade alucinante em São Paulo. Se por um lado isso fascinava e atraía, por outro deixava um certo sentimento de angústia ao ver tanta coisa bonita sumir. Casarões destruídos, parques devastados, ruas invadindo todos os cantos da cidade e um eterno barulho que ia aumentando, aumentando e deixava todo mundo surdo e a cidade muda. [...]

Eduardo Amos. *A cidade muda*. São Paulo: Moderna, 1991.

RUBENS CHAVES

Rua do centro onde está localizado o mercado municipal da cidade de Rio Claro (SP). Foto de 2018

PAULO FRIDMAN/PULSAR IMAGENS

A Avenida Vinte e Três de Maio é uma das mais movimentadas e importantes da cidade de São Paulo. Foto de 2018.

ATIVIDADES COMPLEMENTARES

1. Para facilitar o entendimento do texto, pesquise no dicionário o significado das palavras desconhecidas e escreva a seguir.

____

____

2. Qual é o assunto do texto?

____

____

3. Entreviste alguém da sua família que more há muitos anos em um bairro da sua cidade para descobrir as transformações que ocorreram nele. Siga o roteiro abaixo:

a) Nome do entrevistado: ______________________

b) Bairro onde mora: ______________________

c) Há quantos anos mora no bairro? ______________________

d) Como era o bairro muitos anos atrás? ______________________

____

e) Qual mudança foi mais marcante?

____

____

4. Apresente o resultado da entrevista para o professor e para os colegas. Em seguida, faça um levantamento das principais mudanças que ocorreram nos bairros da cidade onde vocês moram.

LIÇÃO 3

Os trabalhadores urbanos e rurais

Para atender às necessidades das pessoas tanto no espaço urbano como no rural, é necessário o trabalho de muitos profissionais.

O trabalhador urbano

Nas zonas urbanas, as pessoas podem trabalhar em indústrias, bancos, escolas, hospitais, lojas etc.

Conheça alguns profissionais que trabalham na cidade:

- **operários:** trabalham em fábricas, em montadoras de automóveis, em construções etc.;
- **bancários:** trabalham nas agências dos bancos;
- **feirantes:** trabalham em feiras livres vendendo verduras, ovos, frutas, legumes, utensílios domésticos etc.

Outros profissionais que normalmente trabalham na cidade são: comerciantes, mecânicos, tintureiros, jornaleiros, entregadores de mercadorias, advogados, pedreiros, farmacêuticos, jornalistas e bombeiros, entre outros.

PAVEL L PHOTO AND VIDEO/SHUTTERSTOCK

Os bancos são empresas prestadoras de serviços. Os funcionários dos bancos são os bancários.

JOÃO PRUDENTE/PULSAR IMAGENS

As feiras livres ocorrem nas ruas das cidades e, em geral, comercializam frutas, legumes e verduras. Seus trabalhadores são os feirantes.

O trabalho na indústria

Na cidade, muitas pessoas trabalham em indústrias ou em fábricas. Elas transformam matérias-primas em produtos industrializados. **Matéria-prima** é o material que a natureza fornece e utilizamos para fabricar diversos produtos. **Produto industrializado** é aquele já transformado pelas máquinas.

EDUARDO ZAPPIA/PULSAR IMAGENS

Nas indústrias, as matérias-primas são transformadas em diversos produtos que serão vendidos aos consumidores. Na imagem, linha de montagem de ônibus e caminhões em Resende (RJ), 2015.

Veja os exemplos.

Matéria-prima	Produto industrializado
couro	sapatos, bolsas
cana-de-açúcar	açúcar, rapadura, álcool
petróleo	gasolina
tomate	molho de tomate enlatado
algodão	tecidos para roupas
madeira	mesas, cadeiras

Os trabalhadores das indústrias chamam-se operários. Os donos das indústrias são chamados industriais.

O trabalho no comércio

As pessoas da cidade também trabalham no comércio, atividade que envolve compra e venda de produtos. As pessoas que trabalham no comércio são os comerciários. Os donos das casas comerciais são os comerciantes.

Chamamos estabelecimentos comerciais os lugares em que são comprados e vendidos produtos, como lojas de calçados e roupas, farmácias, livrarias, padarias, bancas de jornal, supermercados etc.

Consumidores são as pessoas que compram os produtos. O consumidor tem o direito de ser bem atendido na casa comercial e de trocar o produto quando estiver com problemas. Na hora da compra, o consumidor deve verificar se o produto está bom, se está no prazo de validade e se ele tem garantia contra defeitos de fabricação.

ALF RIBEIRO/PULSAR IMAGENS

Banca de jornal no Largo Treze de Maio, em São Paulo (SP), 2014.

As pessoas que trabalham recebem um salário, uma quantia em dinheiro que serve para atender às suas necessidades básicas, como aluguel ou prestação de moradias, roupas, alimentação, lazer e serviços diversos.

Os produtos vendidos no comércio podem vir de indústrias ou do campo.

Alguns produtos vêm da zona rural para serem vendidos nas cidades:

- legumes: abobrinha, cenoura, batata;
- frutas: mamão, maçã, laranja, banana;
- cereais: trigo, milho, aveia;
- verduras: alface, rúcula, escarola;
- leite e derivados;
- carnes de boi, de porco e de aves;
- ovos.

LEONEL BOURQUE

ATIVIDADES

1 Relacione os profissionais aos estabelecimentos comerciais em que trabalham.

A	farmacêutico	☐	açougue
B	açougueiro	☐	agência bancária
C	professor	☐	farmácia
D	cabeleireiro	☐	padaria
E	bancário	☐	escola
F	padeiro	☐	salão de beleza

2 Desenhe o que você pode comprar nos estabelecimentos comerciais abaixo.

farmácia	**papelaria**	**supermercado**

3 Responda.

a) O que é matéria-prima?

____

____

____

b) Onde é transformada a matéria-prima?

____

____

4 Classifique os itens a seguir de acordo com o código.

MP = matéria-prima
PI = produto industrializado

- [ ] algodão
- [ ] barro
- [ ] tecido
- [ ] tijolo
- [ ] chocolate
- [ ] madeira
- [ ] cacau
- [ ] móvel de madeira
- [ ] milho
- [ ] óleo de soja
- [ ] fubá
- [ ] soja
- [ ] uva
- [ ] maçã

5 Indique qual das matérias-primas do quadro foi usada para fazer os produtos citados abaixo.

carne ferro milho trigo couro leite

a) biscoito, macarrão, pão, farinha: ____________________

b) iogurte, queijo, manteiga, coalhada: ____________________

c) presunto, linguiça, mortadela, salame: ____________________

d) óleo, ração, farinha: ____________________

e) automóvel, tesoura, faca: ____________________

f) cinto, bolsa, sapato: ____________________

6 Preencha a cruzadinha.

a) Quantia em dinheiro que os trabalhadores recebem a cada mês.

b) Donos das casas comerciais.

c) Trabalhadores das indústrias.

d) Nome dado às pessoas que compram produtos nos estabelecimentos comerciais.

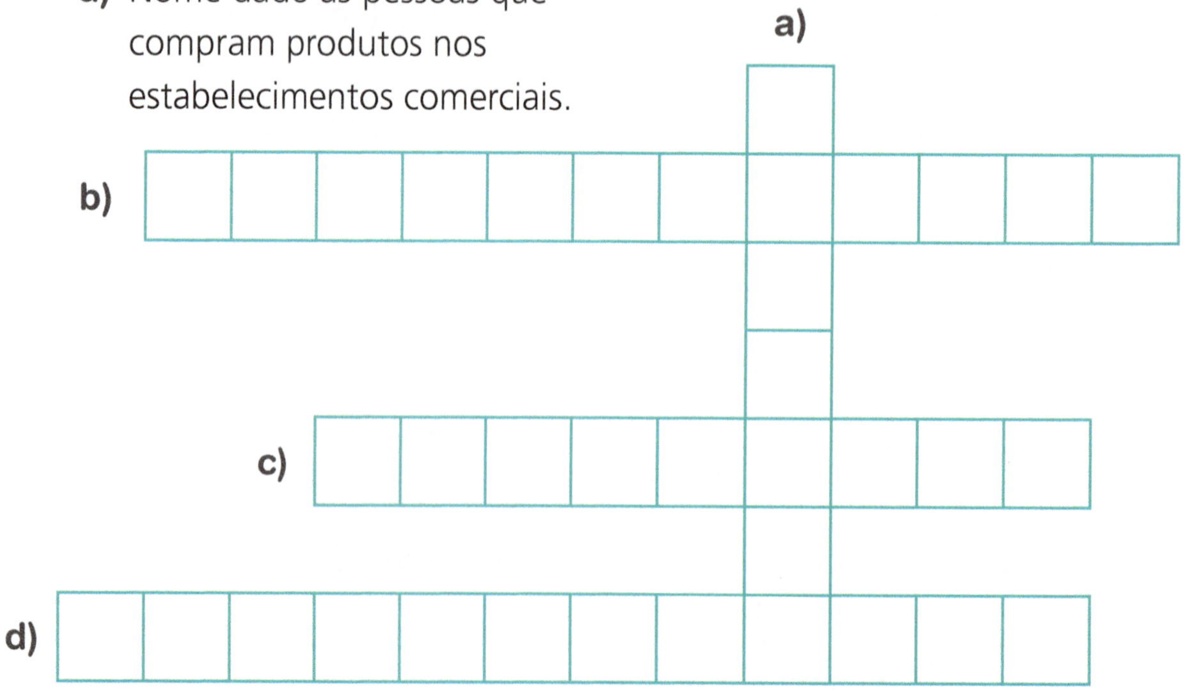

7 Pesquise informações sobre uma casa comercial que fica perto de onde você mora e registre as informações no seu caderno. Siga este roteiro:

- Nome do estabelecimento.
- Endereço.
- Horário de funcionamento.
- Tipo de produto que vende.

O trabalho rural

No campo, também chamado espaço rural, as pessoas moram em sítios, chácaras, fazendas, granjas etc. As casas da zona rural geralmente ficam distantes umas das outras, mas isso não impede que as pessoas se reúnam e formem comunidades.

A maioria dos agricultores que têm a própria terra também mora na propriedade. Os habitantes do campo vivem em contato direto com a natureza.

As pessoas que vivem na comunidade rural costumam trabalhar com atividades ligadas à lavoura, à criação de animais ou às indústrias que transformam os produtos do campo.

GERSON GERLOFF/PULSAR IMAGENS

Propriedade rural em Quevedos (RS), 2015.

Vamos conhecer um pouco mais sobre as pessoas que vivem no campo.

Alguns profissionais do campo:

- **agricultores** ou **lavradores**: cuidam da terra. Aram, adubam, plantam, cuidam das plantações e colhem os frutos;
- **boiadeiros**: cuidam do gado.

O trabalho na agricultura

No campo, as pessoas preparam a terra, plantam, cuidam da plantação e colhem. Essa atividade é chamada **agricultura**.

As plantações exigem cuidados especiais, como uso de adubo, controle contra as pragas e construção de canais de irrigação.

Aqueles que trabalham na agricultura são os agricultores ou lavradores. Os donos das terras são chamados de fazendeiros ou proprietários rurais.

CASSANDRA CURY/PULSAR IMAGENS

Agricultor trabalhando com roçadeira em plantação de café, em Altinópolis (SP), 2015.

O trabalho na pecuária

Os moradores do campo também trabalham na **pecuária**, que é a criação de animais, como bois, cavalos, porcos etc. Quem trabalha diretamente com os animais é o peão, boiadeiro ou retireiro. O dono do gado é o pecuarista.

EDSON SATO/PULSAR IMAGENS

Boiadeiro cuidando do gado em Aquidauana (MS), 2014.

Outra atividade desenvolvida no campo é a criação de aves (como galinhas, codornas, patos, perus etc.), chamada **avicultura**.

A criação de galinhas para a coleta de ovos é um tipo de atividade muito comum no campo.

As indústrias do campo

Muitos produtos do campo são utilizados para a fabricação de outros, que se transformam em produtos industrializados. Há diversas indústrias instaladas nas áreas rurais. É o caso, por exemplo, de indústrias que produzem etanol usando cana-de--açúcar como matéria-prima. Muitas delas ficam em regiões próximas de onde a matéria--prima é plantada.

Usina Boa Vista em Quirinópolis (GO), 2008.

Há ainda indústrias que preparam a carne para o consumo e outras que fabricam produtos utilizando, como matéria-prima, couro e ossos.

Os desafios da vida no campo

As pessoas que dependem das atividades agrícolas para viver precisam aprender a lidar com as variações do clima. Em épocas de muita chuva ou de seca, por exemplo, podem perder toda a plantação ou não ter alimento para o gado.

Por isso, o profissional do campo vem investindo cada vez mais em tecnologias que permitem a superação das dificuldades impostas pela natureza.

As áreas irrigadas são um exemplo disso: áreas em que as chuvas não são suficientes para o plantio e, por isso, são regadas por meio de modernos sistemas e maquinários, garantindo o abastecimento de água no local.

JOÃO PRUDENTE/PULSAR IMAGENS

Irrigação em plantação de milho na zona rural em Venda Nova do Imigrante (ES), 2014.

ATIVIDADES

1. Sublinhe as afirmativas verdadeiras:

   a) O campo também é chamado de zona urbana.

   b) As casas do espaço rural em sua maioria são distantes umas das outras.

   c) Na cidade, os moradores dependem de atividades agrícolas para viver.

   d) A vida no campo é mais tranquila do que nas cidades porque há menos trânsito.

   e) No campo não encontramos rede de esgoto.

2 Observe o quadro da pintora Tarsila do Amaral e responda às questões.

COLEÇÃO PARTICULAR

O touro (*Paisagem com touro*) (1925), de Tarsila do Amaral. Óleo sobre tela, 52 cm × 65 cm.

a) O quadro retrata um espaço urbano ou rural?

____

b) Escreva duas características que confirmem sua resposta no item **a**.

____

____

3 Complete as frases a seguir com as palavras do quadro.

boiadeiros	terra	indústria	agricultores
lavoura	plantação	animais	

a) Na comunidade rural existem atividades ligadas à ____________, à criação de ____________ e à ____________ de transformação.

b) Alguns dos profissionais do campo são os ____________ e os ____________.

c) A agricultura é uma atividade que prepara a ____________, planta e cuida da ____________.

4 Escreva nomes de produtos comercializados:

a) do espaço urbano para o rural;

____

b) do espaço rural para o urbano.

____

5 Relacione a segunda coluna de acordo com a primeira.

1	Pecuária	( )	Trabalha com os animais.
2	Fazendeiros	( )	Criação de animais.
3	Peão	( )	Donos de terras.

6 As palavras a seguir estão relacionadas a outras atividades praticadas no espaço rural ou campo. Pesquise no dicionário o significado delas.

a) Piscicultura: ______________________________

____

FABIO COLOMBINI

b) Apicultura: ______________________________

____

CESAR DINIZ/PULSAR IMAGENS

c) Cunicultura: ______________________________

NATASHA IWANICKI/KINO

EU GOSTO DE APRENDER

Nesta lição, você estudou:

- Os trabalhadores rurais e os trabalhadores urbanos produzem aquilo de que necessitamos para viver.
- No campo, os trabalhadores rurais realizam atividades na agricultura (agricultores ou lavradores), na pecuária (boiadeiros) e na agroindústria.
- Nas cidades, os trabalhadores urbanos podem ter atividades no comércio (comerciários, feirantes), na indústria (operários), nos escritórios (escriturários), nos bancos (bancários) etc.
- Na cidade e no campo existem profissionais que trabalham no setor de serviços, isto é, em atividades que fornecem serviços necessários à população, como carteiros, eletricistas, lixeiros, professores, advogados, contadores, médicos e dentistas.

ATIVIDADES

1 Associe corretamente o tipo de trabalhador com a atividade.

A Frentista	D Comerciário	G Feirante
B Boiadeiro	E Operário	H Escriturário
C Sitiante	F Bancário	I Lavrador ou agricultor

- [ ] Trabalhador urbano, faz comércio nas feiras.
- [ ] Trabalhador rural da agricultura.
- [ ] Trabalhador urbano, nas atividades bancárias.
- [ ] Trabalhador rural, pequeno proprietário de terra.

- [ ] Trabalhador urbano, atividades em escritórios.
- [ ] Trabalhador urbano, de lojas, armazéns, supermercados etc.
- [ ] Trabalhador rural, com atividades na pecuária.
- [ ] Trabalhador urbano ou rural da indústria ou agroindústria.
- [ ] Trabalhador urbano na prestação de serviços em postos de combustível.

2 Dos trabalhadores citados na atividade anterior, quais desenvolvem suas atividades no campo?

____

3 E quais desenvolvem suas atividades na cidade?

____

4 Faça uma colagem com recortes de imagens ou desenhos representando quatro tipos de trabalhadores, sendo dois do campo e dois da cidade. Escreva nas legendas qual é o tipo de atividade de cada profissional.

____________________	____________________

5 Além dos profissionais urbanos e rurais, existem nas cidades e no campo os trabalhadores com atividades no setor de serviços. Escreva o nome de cinco trabalhadores do setor de serviços.

6 O que são as áreas irrigadas?

EU GOSTO DE APRENDER+

Os mais diferentes serviços...

RUBENS CHAVES/PULSAR IMAGENS

À medida que as cidades crescem, as necessidades da população também aumentam. Por isso, o setor de serviços precisa atender às pessoas e, assim, aparecem diversas profissões, algumas até bem diferentes das existentes no passado. Veja alguns exemplos:

ELENA ELISSEEVA/SHUTTERSTOCK

- **Passeador de cães:** pessoa que leva cachorros de estimação para passear, sendo pago para isso.
- **Papai Noel:** pessoa que é paga para se vestir de Papai Noel e ficar em algum ponto comercial, como em *shoppings* ou lojas.
- **Organizador de coisas nas residências:** pessoa paga para arrumar a "bagunça" de uma casa, quando os donos não conseguem organizar seus pertences.
- **Provador de bebidas ou de comidas:** pessoa que trabalha provando os mais variados tipos de bebidas ou comidas para verificar se o sabor está bom.

ATIVIDADES COMPLEMENTARES

1 O assunto desse texto é:

- [ ] profissões muito antigas.
- [ ] trabalhos novos e diferentes no setor de serviços.
- [ ] trabalhos muito antigos feitos apenas no campo.
- [ ] profissionais que se destacaram no setor industrial.

2 Você conhece alguma profissão que considera diferente? Qual? Conte para os colegas e para o professor.

3 Você costuma pensar no seu futuro? Já pensou em alguma profissão que gostaria de ter? Qual?

____

____

4 De acordo com o texto, o que faz um "passeador de cães"?

____

____

5 Se você fosse contratar um profissional citado nos exemplos do texto, qual seria? Por quê?

____

____

LEIA MAIS

EDITORA AUTÊNTICA

Gente que aprende ensinando

Malô Carvalho. Ilustrações de Suzete Armani. Fotografias de Fábio Cerati. São Paulo: Autêntica, 2013. (Coleção No caminho da cidadania).

O livro faz uma reflexão sobre a profissão de professor e mostra que, assim como as crianças, os animais e os idosos, os professores também têm direitos!

LIÇÃO 4

Campo e cidade se completam

O campo é uma área tradicionalmente produtora de alimentos e fornecedora de matérias-primas. Tanto a cidade como o campo consomem os produtos gerados nesse espaço.

LUCIANA WHITAKER/PULSAR IMAGENS

Nas áreas urbanas os supermercados são um dos principais responsáveis pela distribuição de frutas, legumes e verduras produzidos no campo. Rio de Janeiro (RJ), 2014.

OPÇÃO BRASIL

As feiras livres de rua distribuem produtos no campo e nas áreas urbanas. Turmalina (MG), 2015.

ATIVIDADES

1. Dos alimentos que você consome, quais são produzidos na zona rural?

2. Você sabe quais alimentos são produzidos na zona rural do município onde você vive?

3. Quais matérias-primas são extraídas da zona rural do município onde você vive?

A cidade é um espaço que oferece um grande número de serviços e atividades comerciais. É comum, por exemplo, que pessoas que morem no campo tenham de se deslocar à cidade para utilizar esses serviços, como atendimentos hospitalares.

Nas cidades, estão concentradas as atividades comerciais, como supermercados e lojas de roupas. Elas também abrigam indústrias e empresas que vendem produtos e equipamentos utilizados nas atividades ligadas ao campo, como a produção de adubos e sementes ou o comércio de tratores.

EDUARDO ZAPPIA/PULSAR IMAGENS

Linha de montagem de automóveis, em indústria localizada em Resende (RJ), 2015.

ALF RIBEIRO/PULSAR IMAGENS

Indústria de fertilizantes em Sumaré (SP), 2014.

Êxodo rural

Ao longo do século XX, as características da população do Brasil se modificaram significativamente.

No início desse século, a população era predominantemente rural, ou seja, vivia no campo. Ao longo das décadas, esse quadro foi se modificando e, atualmente, a maior parte da população é urbana, isto é, vive nas cidades.

ARQUIVO/ESTADÃO CONTEÚDO/AE

População ocupando área central da cidade no início do processo de urbanização brasileira. Praça da Sé, São Paulo (SP), 1940.

MAREMAGNUM/GETTY IMAGES

Pessoas atravessando a rua em área urbana do Rio de Janeiro (RJ).

Um dos motivos para essa mudança no quadro social foi o chamado **êxodo rural**. Esse termo é utilizado para definir a migração em massa da população do campo em direção à cidade.

OSWALDO REIS/ESP. CB/D.A. PRESS

Migrantes no Terminal Rodoviário Tietê, em São Paulo (SP), 2012.

Muitos desses migrantes decidiram mudar para as áreas urbanas do país em busca de melhores condições de vida, novos empregos e maior acesso às redes públicas de saúde e educação.

É importante compreender que as políticas públicas urbanas não se adequaram corretamente a essa chegada de migrantes e muitos acabaram se instalando em locais de risco, como barrancos ou encostas de morros.

Atualmente, alguns desses migrantes, notando novas oportunidades em suas terras natais, realizam migração de retorno.

Observe os gráficos com a transição demográfica do Brasil.

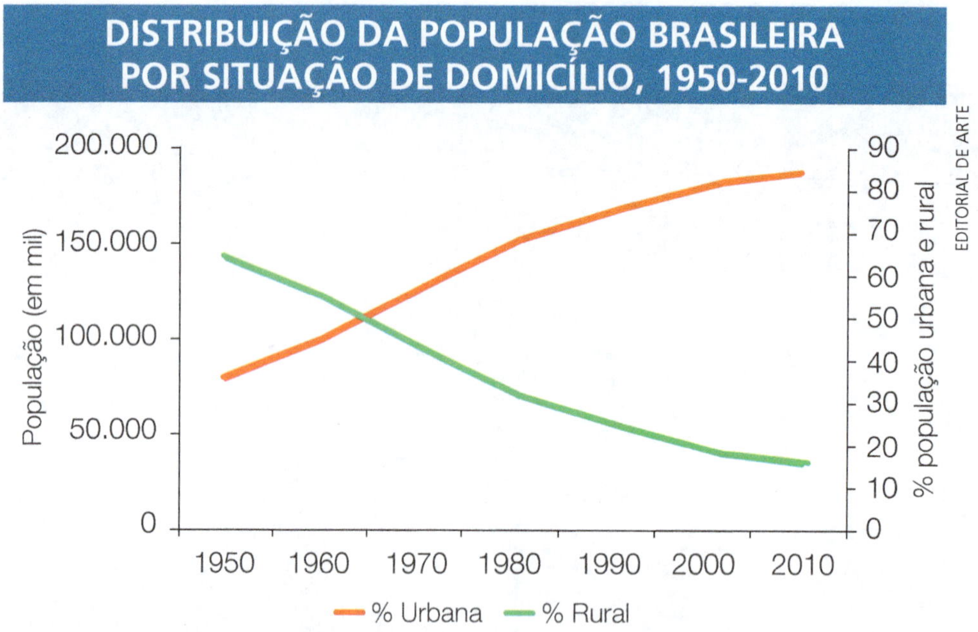

Fonte: IBGE. Disponível em: <http://www.ie.ufrj.br/aparte/pdfs/tendencias_demograficas_e_de_familia_24ago12.pdf>. Acesso em: 30 jun. 2018.

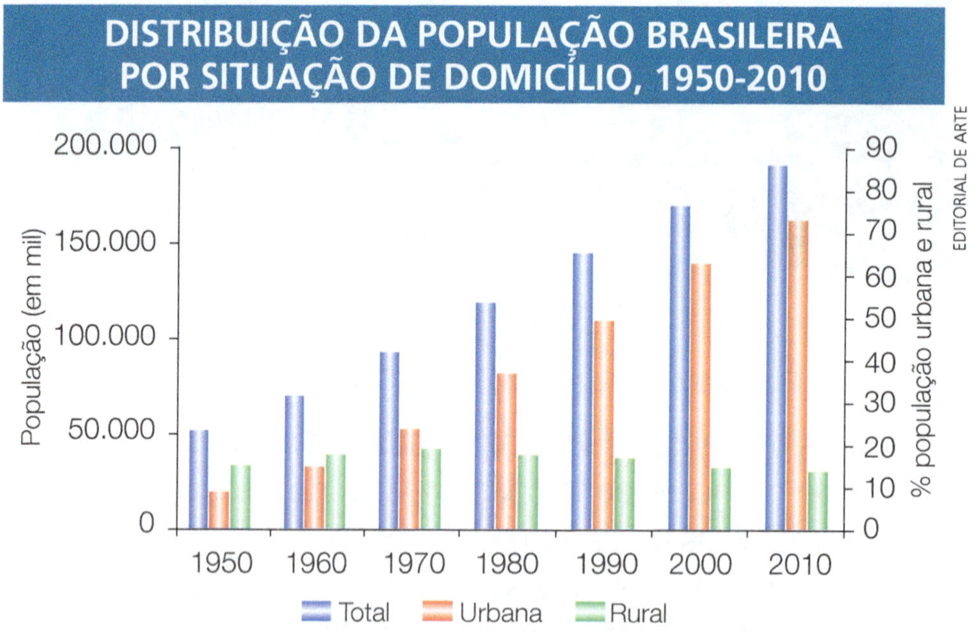

Fonte: IBGE. Disponível em: <http://www.ie.ufrj.br/aparte/pdfs/tendencias_demograficas_e_de_familia_24ago12.pdf>. Acesso em: 30 jun. 2018.

Faça a leitura dos gráficos e converse com os colegas e com o professor a respeito.

ATIVIDADES

1 Com base nos gráficos da página anterior, responda:

a) O que aconteceu com a população urbana do Brasil ao longo das últimas décadas?

b) O que aconteceu com a população rural do Brasil ao longo das últimas décadas?

c) O que houve com a população total do Brasil em números absolutos nas últimas décadas?

d) Em que período a população urbana superou a rural?

EU GOSTO DE APRENDER

Nesta lição, você estudou:

- O campo precisa de produtos industrializados da cidade.
- A cidade precisa de produtos do campo, como os alimentos, que vêm da agricultura e da pecuária. Também precisa de matérias-primas para a indústria.
- Há um comércio intenso entre campo e cidade, assim como um sistema de transportes para a troca de produtos.
- A população do campo era maior que a população urbana até os anos 1960.
- Êxodo rural é o deslocamento de pessoas do campo para as cidades em que vão viver. Essa migração é motivada pela falta de terras e de empregos no campo.
- Após os anos 1960, a população urbana tornou-se maior que a do campo, principalmente por causa do êxodo rural.
- Atualmente, o êxodo rural no Brasil diminuiu e tende a desaparecer.
- Uma forma de demonstrar dados, como o número de habitantes de um país, é por meio de gráficos.

ATIVIDADES

1 Marque **V** se a frase for verdadeira e **F** se for falsa.

☐ Campo e cidade podem existir separadamente, sem se relacionar.

☐ Entre campo e cidade não existe nenhum tipo de comércio.

☐ O campo fornece à cidade produtos alimentícios e outros vindos da agricultura e da pecuária, além de matérias-primas para a indústria.

☐ A cidade envia ao campo roupas, móveis, máquinas, materiais de construção e outros produtos industrializados.

2 Observe estes produtos e escreva se eles têm origem no campo ou na cidade.

a) 

____

b)  ______________

c)  ______________

d)  ______________

e)  ______________

f)  ______________

ILUSTRAÇÕES: JOSÉ LUÍS JUHAS

3 Marque com um **X** a melhor explicação para êxodo rural.

- [ ] É o deslocamento de pessoas da cidade para o campo.
- [ ] É a mudança de pessoas do campo para a cidade.
- [ ] É o movimento de ida e vinda do campo para a cidade.
- [ ] É o deslocamento de pessoas de uma cidade para outra.

4 Quais são os motivos mais comuns para haver êxodo rural?

____

____

____

5 Faça uma lista de produtos que você usa na escola e em casa. Agora, classifique-os de acordo com a origem na tabela abaixo.

Campo	Cidade

EU GOSTO DE APRENDER+

Riqueza e pobreza no campo e na cidade

Agricultor utilizando computador no campo junto à lavoura de milho, em Londrina (PR), 2015.

Vegetação seca do agreste, em Estrela de Alagoas (AL), 2015.

No Brasil, ainda há muita desigualdade entre as pessoas. Algumas são muito ricas, donas de propriedades e de empresas, enquanto outras só podem viver de seu trabalho e ganham muito pouco.

Essa situação existe tanto no campo como na cidade.

No campo, há muitos lavradores pobres que não têm recursos para investir na agricultura e enfrentam secas e falta de serviços básicos. Se deixam o campo e vão para as cidades, enfrentam outros tipos de dificuldade, como baixos salários e moradias precárias.

Um modo de solucionar essa grande desigualdade é lutar pelo aumento de salários e por moradias dignas, educação, saúde e serviços públicos de qualidade para todos os brasileiros.

ATIVIDADES COMPLEMENTARES

1. O texto fala de um problema que existe tanto no campo como na cidade. Que problema é esse?

____

____

2. O que geralmente acontece quando um lavrador pobre sai do campo e vai viver na cidade?

____

3 Circule o que é necessário para diminuir a desigualdade social entre as pessoas:

bons salários   bancos   escolas públicas   empregos   supermercados
palacetes   meios de transporte   hospitais públicos   internet   restaurantes

4 Na sua opinião, o problema indicado por esse texto existe em sua cidade? Por quê? Converse sobre isso com os colegas e com o professor.

5 Faça uma pequena história em quadrinhos representando uma pessoa que sai do campo e vai viver na cidade. Mostre os problemas da pessoa no campo, sua viagem e a situação que ela terá de enfrentar na cidade. Use os espaços abaixo.

LEIA MAIS

EDITORA PAULINAS

Ciça e a rainha

Neusa Jordem Possatti. Ilustrações de Renato Alarcão. São Paulo: Paulinas, 2012.

O livro narra a história de uma menina, filha de boias-frias, que supera dificuldades e realiza sonhos.

LIÇÃO 5

Elementos da paisagem: a água

Se pudéssemos olhar a Terra de cima, veríamos uma grande esfera azul: é porque o mar cobre boa parte do planeta.

Os oceanos compõem cerca de dois terços da Terra e os continentes ocupam o restante.

SOMCHAI SOM/SHUTTERSTOCK

Nessa representação da Terra, a quantidade de água existente em nosso planeta pode ser observada nas áreas em azul.

Mas a maior parte dessa grande quantidade de água é imprópria para o consumo.

Do total de água que existe no planeta, uma pequena quantidade é doce e a maior parte é formada por água salgada dos oceanos.

A água doce está distribuída nos rios, nos lagos, nas lagoas e nos lençóis subterrâneos, e uma grande quantidade está congelada na Antártida e no Polo Norte.

DENIS BURDIN/SHUTTERSTOCK

Geleiras da Antártida, 2017.

ANDRE DIB/SHUTTERSTOCK

Trecho do Rio São Francisco, em Delmiro Gouveia (AL), 2016.

ATIVIDADES

Se fosse possível colocar toda a água do planeta em uma garrafa de um litro, só uma gota serviria para beber.

1 Complete:

a) A maior parte da superfície da Terra é coberta por ______________________________.

b) A maior parte da água da Terra está presente nos ______________________________.

c) A outra parte de água da superfície do planeta é de água ______________________________.

d) A água doce está distribuída nos ______________________________.

2 Assinale uma fonte de água utilizada para o consumo humano.

☐ Oceanos. ☐ Geleiras. ☐ Rios.

A água salgada

A água salgada é encontrada nos oceanos e mares.

Os **oceanos** são a porção de água salgada que cobre a maior parte da Terra. Existem cinco oceanos: o Atlântico, o Pacífico, o Índico, o Glacial Ártico e o Glacial Antártico. Os **mares** são as partes dos oceanos que estão em contato com os continentes formando o litoral. Os principais mares do planeta são o Mediterrâneo, o das Antilhas, o Arábico e o da China.

Nos mares e nos oceanos, costuma-se fazer a pesca, a extração de petróleo, o transporte de pessoas e mercadorias em barcos e navios e também ter momentos de lazer.

De toda a água do planeta, 97% encontram-se nos oceanos e mares, ou seja, é água salgada. A água doce representa apenas 3% do total de água.

THE VISUAL EXPLORER/SHUTTERSTOCK

O Brasil é banhado pelo Oceano Atlântico. Praia em Recife (PE).

ATIVIDADES

1. O litoral brasileiro é banhado por qual oceano?

____

____

2 Considerando que na malha quadriculada cada quadradinho representa 1% da quantidade de água no planeta, pinte de azul o percentual correspondente à água salgada do planeta e de verde o percentual correspondente à água doce.

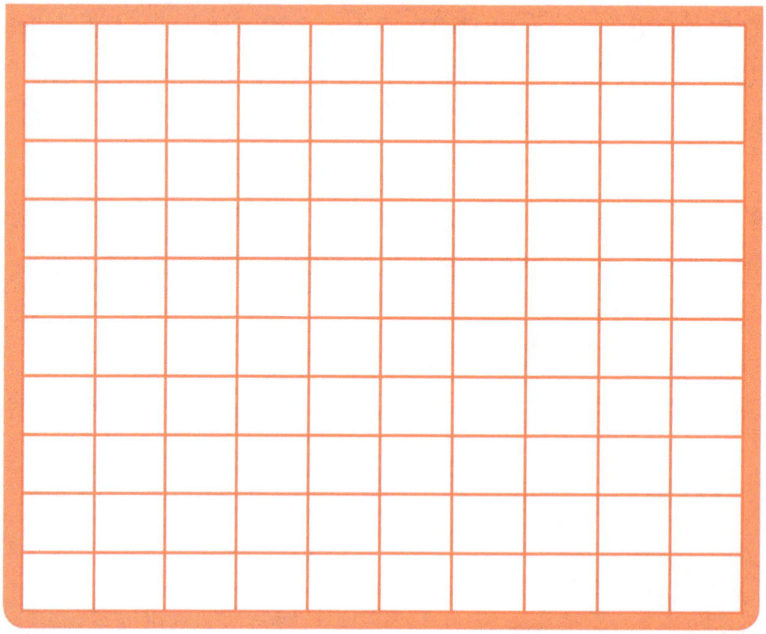

3 Quais são as atividades feitas nos mares e oceanos?

A água doce

A água doce é a água de rios, lagos, lagoas, lençóis subterrâneos e geleiras.

As **geleiras** são grandes camadas de gelo que se formam com a neve que se acumula e não derrete. Elas são os maiores depósitos de água doce.

Parte do gelo das geleiras derrete continuamente e abastece de água mares, rios, fontes e lagos. No inverno, as geleiras recebem neve e formam novas camadas. No verão, uma parte maior do gelo derrete e fornece mais água a rios, fontes, lagos e lençóis subterrâneos.

No entanto, um novo fenômeno tem provocado alterações nesse ciclo: o aumento do **efeito estufa**.

O efeito estufa é um fenômeno causado pela concentração de gases na atmosfera, principalmente o dióxido de carbono. Esses gases funcionam como uma capa que impede que o calor da irradiação solar absorvido pela superfície terrestre escape para o espaço. O efeito estufa é um processo natural no planeta e, sem ele, as temperaturas seriam muito baixas. Entretanto, por causa das atividades humanas, a concentração de gases de efeito estufa na atmosfera duplicou nos últimos 100 anos. Isso ocorreu principalmente pela queima de combustíveis fósseis, como carvão, petróleo e gás natural, e pelo desmatamento e queimadas de florestas. Como consequência, a temperatura média da Terra vem aumentando.

A temperatura maior provoca, por exemplo, o derretimento de geleiras e isso faz aumentar a quantidade de água dos oceanos, cujo nível pode elevar-se e inundar muitas cidades litorâneas. A diminuição do depósito de gelo nas altas montanhas, por sua vez, pode provocar a redução da quantidade de água que elas fornecem a rios, fontes e lagos, causando problemas de abastecimento.

Os rios

O **rio** é uma corrente de água natural que se origina em nascentes de águas subterrâneas, lagos ou em outros rios e se dirige para o mar, para outro rio ou para um lago.

Os rios são muito importantes para os seres humanos, pois são fonte de alimento e água, vias de transporte de pessoas e mercadorias e servem para produzir energia elétrica nas usinas hidrelétricas.

Nos primórdios da humanidade, muitas cidades surgiram e cresceram perto de rios. A maioria dos países é cortada por rios que se tornam importantes meios de transporte para seus habitantes.

COSTA FERNANDES/SHUTTERSTOCK

Cidade de Penedo (AL), às margens do Rio São Francisco.

A.PAES/SHUTTERSTOCK

Região da cidade de Manaus (AM) banhada pelo Rio Negro.

A maioria das cidades do mundo é abastecida de água pelos rios.

No Brasil, existem muitos rios que abastecem cidades. Mas alguns deles, nos períodos de seca, podem ficar com um volume pequeno de água e até secar. No Nordeste, por exemplo, existem os rios temporários. Durante uma parte do ano ou mesmo por períodos prolongados, eles ficam secos. Milhares de pessoas dessa região do Brasil, sobretudo moradores das zonas rurais e das pequenas cidades do Sertão, sofrem para se abastecer de água.

DELFIM MARTINS/PULSAR IMAGENS

Vista produzida com drone da Rodovia BR-428 sobre rio temporário no período da seca. Cabrobó (PE).

PALÊ ZUPPANI/PULSAR IMAGENS

Leito do Riacho Grande no período da seca, Sertão da Bahia.

ATIVIDADES

1. O que provoca o aumento do efeito estufa?

____

____

2. O que é um rio?

____

3. Onde se originam os rios?

____

____

4 Qual é a importância dos rios?

---

5 Cite alguns exemplos de alimentos que podem ser obtidos nos rios.

---

6 O que são rios temporários?

O consumo de água

Mesmo o Brasil sendo um país rico em recursos hídricos, a distribuição de água não é igual em todas as regiões. Na Região Norte, por exemplo, concentra-se 80% da quantidade de água disponível e, nas regiões próximas ao litoral, onde vive o maior número de pessoas, temos menos de 3% dos recursos hídricos do país.

De acordo com a Organização das Nações Unidas (ONU), cada pessoa precisa de cerca de 110 litros de água por dia para atender às suas necessidades.

Entretanto, muitas pessoas no Brasil e no mundo não têm acesso a essa quantidade, sofrendo diariamente com a falta de água. De cada dez pessoas, três não têm acesso à água potável.

- A água é um bem fundamental para a vida. Você já esteve em alguma situação na qual não havia água para consumir? Como foi? Compartilhe com os colegas.

Existem diversas causas para a crescente falta de água potável. As principais são:

- aumento do consumo: a população mundial continua aumentando, sobretudo nos países mais pobres, onde já é crônica a falta de água;
- crescente uso de água de rios, lagos e lençóis subterrâneos para uso na agricultura;
- poluição: muitos rios são poluídos por esgotos domésticos e industriais;

- secas prolongadas: ocorrem em alguns lugares do Brasil e do mundo;
- desperdício: ocorre na maioria das cidades e suas causas são os vazamentos nos encanamentos e o uso inadequado.

O desperdício por uso inadequado ocorre quando se gasta mais água do que o estritamente necessário.

A tabela a seguir refere-se ao consumo doméstico de água.

CONSUMO DOMÉSTICO DE ÁGUA		
Atividade doméstica	**Quantidade de água (litros)**	**Tempo**
Lavar o rosto com a torneira aberta	2,5	1 minuto
Descarga do vaso sanitário (padrão Brasil)	6	6 segundos
Escovar os dentes com a torneira aberta	12	5 minutos
Chuveiro (banho)	45	15 minutos
Lavar a louça com a torneira meio aberta	117	15 minutos
Molhar jardim	186	10 minutos
Lavar roupa no tanque	279	15 minutos
Lavar calçada com mangueira	279	15 minutos
Lavar carro com mangueira	560	30 minutos

Fonte: Companhia de Saneamento Básico de São Paulo (Sabesp). Adaptado.

Se usarmos apenas a quantidade suficiente de água para nossas necessidades domésticas e fecharmos as torneiras que pingam ou que estão abertas desnecessariamente em casa, na escola e nos locais públicos, poderemos economizar muita água.

ATIVIDADES

1. Todas as pessoas no mundo têm acesso à água?

2. Pense na água que você gasta para lavar o rosto, dar descarga no vaso sanitário, escovar os dentes e tomar banho. Você está dentro do consumo indicado pela ONU de 110 litros de água por dia para cada pessoa?

3. Que medidas podem ser adotadas para evitar o desperdício de água? Cite pelo menos cinco delas.

Poluição das águas

Além do desperdício, existe a poluição dos recursos hídricos. Se os rios abastecem as cidades desde a origem da humanidade, eles também são usados para descartar os dejetos, tanto domésticos como industriais e agrícolas.

Observe as imagens a seguir.

MUSEU PAULISTA

Aspecto do Rio Tietê durante uma competição de natação, na cidade de São Paulo (SP), década de 1920.

ALEXANDRE TOKITAKA/PULSAR IMAGEN

PAULO PAMPOLIN/SHUTTERSTOCK/SHU

As imagens mostram o aspecto atual do Rio Tietê, poluído e com uma via expressa de grande trânsito nas suas margens.

As imagens mostram momentos do Rio Tietê, que corta grande parte da cidade de São Paulo. No passado, ele servia para abastecimento de água, pescaria, meio de transporte e recreação da população. Com o crescimento da cidade, a área em seu entorno foi sendo remodelada pela própria prefeitura e o rio, além de receber esgoto, perdeu a vegetação de suas margens, que foi estreitada e ocupada por uma grande via que liga a Zona Oeste à Zona Leste de São Paulo.

Na atualidade, o Tietê, nesse trecho, não tem mais peixes e não é mais navegável. No período das chuvas, por causa do estreitamento das margens e da retirada da vegetação, entre outras ações, ele transborda.

Suas águas são intensamente poluídas, sendo considerado um lixão a céu aberto na cidade.

Esse processo de uso dos rios não fica restrito a São Paulo. Em muitos outros locais do Brasil e do mundo, os rios, que antes abasteciam a população, são fontes de problemas por causa da poluição de suas águas.

Além dos rios, os mares e oceanos também são agredidos com a poluição, pois muitos esgotos domésticos e industriais são despejados diretamente no mar por canais de esgoto ou provenientes dos rios, do vazamento de óleo de navios e de dejetos que os banhistas deixam nas praias.

TAKE PHOTO/SHUTTERSTOCK

A poluição dos oceanos fica muito visível nas praias, tanto pelos dejetos que os banhistas deixam na areia como os que as ondas trazem das águas do mar.

ATIVIDADES

1. O que provocou a transformação do Rio Tietê em São Paulo?

____

2. O que era possível obter do Rio Tietê antes de ele ficar poluído?

____

____

3. O que polui os mares?

____

____

____

EU GOSTO DE APRENDER

Nesta lição, você estudou:

- A maior parte do planeta Terra é formada por água;
- A maior parte da água do planeta está nos mares e oceanos;
- Rios, lagos, lagoas, águas subterrâneas e geleiras concentram a maior parte da água doce do planeta;
- O aumento do efeito estufa, provocado pela queima dos combustíveis fósseis, pelo desmatamento e pelas queimadas, tem feito as geleiras derreterem;
- Os rios são importantes para as pessoas como meio de abastecimento de água, fonte de alimento, vias de transporte e lazer;
- Existem rios que secam durante o período das secas;
- A distribuição de água no Brasil não é igual em todos os lugares;
- Há muitas pessoas que não têm acesso à água;
- Os rios sofrem transformações, e muitos deles estão poluídos pelas atividades humanas.

ATIVIDADES

1 Se no lugar onde você mora existir um rio, responda:

a) Qual é o nome desse rio?

____

b) Onde ele se localiza (longe ou perto da sua casa)?

____

c) Esse rio costuma inundar e invadir as casas que ficam perto dele?

____

d) Você costuma nadar ou pescar nesse rio? ____________________

e) Esse rio está poluído? ____________________

EU GOSTO DE APRENDER+

Observe as imagens a seguir.

KEV GREGORY/SHUTTERSTOCK

Foca, animal marinho.

RICH CAREY/SHUTTERSTOCK

Tartaruga-marinha.

FIELDWORK/SHUTTERSTOCK

Pinguim.

Essas três imagens têm em comum a poluição dos oceanos provocada pelas atividades humanas.

Na primeira imagem, uma foca está enroscada no resto de uma rede de pesca.

Na segunda, a tartaruga-marinha está prestes a comer um pedaço de plástico.

Na terceira, um pinguim está com as penas impregnadas de óleo.

A poluição provocada pelas atividades humanas pode não estar perto de nossos olhos, mas afeta a todos os seres vivos, mesmo aqueles que vivem mais distantes da presença humana, como as focas e os pinguins.

O problema envolvendo o plástico e as tartarugas-marinhas tem chamado bastante a atenção de quem se dedica a proteger os animais. Estima-se que a metade delas já tenha ingerido plástico imaginando ser alimento. Tartarugas encontradas mortas nas praias tinham como causa a asfixia por todo tipo de plástico, inclusive um muito consumido pelos banhistas: o canudinho que usamos para ingerir bebidas na praia e em vários outros lugares.

Os principais dejetos jogados no mar são pneus, garrafas de vidro, latinhas e todo tipo de material plástico, como embalagens, copos, garrafas, sacos, canudinhos e pés de pato, entre outros.

Pense nisso quando for à praia: lugar de lixo é no lixo.

ATIVIDADES COMPLEMENTARES

1. Você já foi em alguma atividade de lazer e o local estava poluído? O que você sentiu?

___

___

___

2. Quando você e sua família fazem atividade de lazer costumam levar sacolas para colocar o lixo e descartá-lo no lugar correto?

___

___

3. Que tal pesquisar mais sobre as tartarugas-marinhas? No *site* do Projeto Tamar, que protege as tartarugas-marinhas que visitam o Brasil, há uma cartilha que ensina muitas coisas sobre elas. Disponível em: <http://www.tamar.org.br/arquivos/cartilha-2015-tartarugas-marinhas-ciclos.pdf>. Acesso em: 30 jun. 2018.

LIÇÃO 6

Elementos da paisagem: plantas e animais

Leia esta lista. São animais que vivem no Brasil. Será que você conhece algum deles?

Ararajuba
Arara-azul
Ariranha
Baleia-franca-do-sul
Cervo-do-pantanal
Gato-maracajá
Lobo-guará
Macaco-aranha
Mico-leão-dourado
Muriqui-do-norte
Onça-pintada
Saíra-militar
Soldadinho-do-araripe
Tamanduá-bandeira
Tartaruga-de-couro
Tartaruga-oliva
Uacari-branco
Udu-de-coroa-azul

FABIO COLOMBINI

Este é um gato-da--floresta que foi muito caçado pelo valor de sua pele. Atualmente, está ameaçado de extinção pela destruição de seu hábitat em virtude do desmatamento.

JO CREBBIN/SHUTTERSTOCK

Ameaçado pela caça ilegal e pelo desmatamento, o uacari vive na Floresta Amazônica.

Você sabe por que esses animais foram colocados nessa lista? Porque eles podem desaparecer completamente em algumas décadas.

São espécies brasileiras ameaçadas de extinção. No mundo, existem muitos animais ameaçados, assim como vários tipos de vegetação que podem deixar de existir.

Se isso acontecer, as paisagens deixarão de contar com uma parte muito importante da fauna e da flora do planeta.

Você sabe o que é fauna e flora?

Os animais e a paisagem

O conjunto de espécies animais de um ambiente, com exceção do ser humano, forma a fauna. Se pensarmos no planeta, perceberemos que esse conjunto é muito variado, pois existem milhares e milhares de espécies. Esses animais compõem a paisagem, isto é, fazem parte da biodiversidade de um local.

JOSÉ LUÍS JUHAS

Biodiversidade é o conjunto, muito variado, de espécies da fauna, da flora (que são os vegetais), de microrganismos e de ecossistemas de determinado hábitat, ou seja, do local onde vivem.

O Brasil é o país que abriga a maior biodiversidade do mundo. Os cientistas afirmam que cerca de 10% a 15% de toda a biodiversidade do planeta estão no Brasil.

PALÊ ZUPPANI/PULSAR IMAGENS

MAURICIO SIMONETTI/PULSAR IMAGENS

O tamanduá-bandeira e o tuiuiú são animais ameaçados de extinção.

Tanto no Brasil como no restante do mundo, entretanto, muitas espécies de animais sofrem com a ação de seres humanos, que destroem seus hábitats e os caçam para obter lucros. Nos últimos séculos, centenas de espécies foram extintas. Veja alguns exemplos:

KENNETH W. FINK/PHOTORESEARCHERS/LATINSTOCK

O antílope-azul habitava as savanas do sul da África, mas desapareceu por volta de 1800 com a colonização europeia. A espécie foi dizimada pela caça e, além disso, seu hábitat foi tomado pela agricultura.

SPL/LATINSTOCK

O emu-negro habitava uma ilha da Austrália e foi extinto em 1822 pela ação de colonizadores.

MITSUAKI IWAGO/MINDEN PICTURES/LATINSTOCK

O rinoceronte-negro do oeste africano habitava a África e foi extinto em 2011 em virtude da caça predatória.

As plantas e a paisagem

A superfície do planeta Terra apresenta um conjunto de plantas das mais diferentes espécies. Esse conjunto é chamado de **vegetação** e constitui a flora do planeta ou de uma região.

A grande variedade da vegetação terrestre ocorre por causa do clima e da variação de temperatura e umidade de uma região para outra.

Assim, dependendo das condições climáticas, podem existir muitos tipos de vegetação, como desértica, estepe, floresta de coníferas, floresta temperada, floresta tropical, savana, tundra, vegetação de montanha e vegetação mediterrânea.

MARC TURCAN/SHUTTERSTOCK

Vegetação de deserto é aquela típica de regiões áridas, nas quais chove muito pouco.

GREGORY A. POZHVANOV/SHUTTERSTOCK

Tundra é um tipo de vegetação em que há capim e junco. É típica de regiões com baixas temperaturas.

MORANDI BRUNO/HEMIS.FR

Estepe é um tipo de vegetação formada por gramíneas e pequenos arbustos.

ZLIKOVEC/SHUTTERSTOCK

Floresta de coníferas é o nome da vegetação de regiões que apresentam baixas temperaturas. As árvores têm folhas em forma de agulha – assim como o pinheiro.

WHITWORTH IMAGES/GETTY IMAGES

Vegetação de montanha é uma vegetação mais uniforme, sem grande variação, típica de grandes altitudes, como nos Andes e no Himalaia.

CHAD ZUBER/SHUTTERSTOCK

Floresta temperada é um tipo de floresta de região de clima temperado, em que as quatro estações são bem definidas. As árvores típicas são carvalhos, faias e bordos.

JUERGEN RICHTER/LOOK-FOTO/LATINSTOCK

A vegetação mediterrânea é caracterizada por árvores de pequeno porte, como as oliveiras. O nome vem da região de maior ocorrência, que é no entorno do Mar Mediterrâneo.

LUCIANA WHITAKER/PULSAR IMAGENS

Savana ou cerrado é uma vegetação que apresenta árvores pequenas, de caule torto. É comum na porção central da América do Sul, no norte da América Central, em algumas áreas da Austrália e do continente africano.

No Brasil, a flora é bastante diversa, compondo as paisagens com inúmeras árvores, arbustos e outras espécies. Nenhum outro país tem tantas variedades de orquídeas e palmeiras catalogadas.

STILLFX/SHUTTERSTOCK

A floresta tropical aparece em regiões próximas à Linha do Equador, onde há muita chuva e umidade. A Floresta Amazônica é a maior floresta tropical do mundo.

Essa extrema diversidade acontece porque o Brasil é um país extenso – seu território é o quinto maior do mundo, havendo, portanto, muitas matas, como a Floresta Amazônica, a Mata Atlântica e o Pantanal. Além disso, o clima é bastante variado, o que favorece a diversificação de vegetação.

Entretanto, como ocorre em outras partes do mundo, a vegetação sofre com a ação humana, que provoca desmatamentos, queimadas e poluição em áreas que deveriam ser preservadas.

ZIG KOCH/PULSAR IMAGENS

A Planície do Pantanal é extremamente rica em biodiversidade.

GERSON GERLOFF/PULSAR IMAGENS

Com as queimadas, muitas espécies vegetais e animais morrem ou são expulsas de seus hábitats.

ATIVIDADES

1 O conjunto de animais de um local pode ser chamado de:

- ☐ flora.
- ☐ fauna.
- ☐ biodiversidade.
- ☐ ecossistema.

2 Assinale a frase verdadeira.

- [ ] O Brasil não tem espécies animais em extinção.
- [ ] O Brasil abriga uma flora bastante diversa.
- [ ] Não existem mais espécies de mamíferos no Brasil.
- [ ] Os cientistas já descobriram todas as espécies animais do Brasil.

3 Por que existem espécies animais ameaçadas de extinção?

____

____

4 Leia novamente o começo desta lição, escolha o nome de duas espécies ameaçadas de extinção no Brasil e pesquise a respeito delas.

5 Qual é a melhor definição de biodiversidade?

- [ ] Conjunto de espécies da fauna, da flora, dos microrganismos e dos ecossistemas em determinado hábitat.
- [ ] Conjunto de todas as espécies animais de um local.
- [ ] Conjunto de todas as espécies vegetais de um local.
- [ ] Conjunto de microrganismos e animais de um local.

6 Complete: O conjunto de plantas que cobrem a superfície do planeta pode ser chamado de ____________ ou __________.

7 Por que a vegetação do planeta varia tanto? ______________________

____

8 Exemplifique a variação da flora do nosso planeta citando três tipos de vegetação. ______________________________

____

9 Associe o tipo de vegetação com uma de suas características.

A Desértica

B Tundra

C Floresta de coníferas

D Floresta tropical

E Floresta temperada

F Vegetação mediterrânea

G Estepe

H Savana

I Vegetação de montanha

( ) Quatro estações bem definidas.

( ) Ocorre em regiões de grandes altitudes.

( ) Árvores com folhas em forma de agulha em regiões frias.

( ) Árvores baixas, como a oliveira.

( ) Capim e junco, baixas temperaturas.

( ) Árvores pequenas de caule torto.

( ) Muitas árvores altas em regiões quentes e chuvosas.

( ) Vegetação rala, região de quase nenhuma chuva.

( ) Grandes campos com vegetação baixa.

EU GOSTO DE APRENDER

Nesta lição, você estudou:

- As plantas e os animais fazem parte da paisagem.
- O conjunto de plantas do planeta chama-se vegetação ou flora.
- O conjunto de animais do planeta chama-se fauna.
- O conjunto de fauna, flora, microrganismos e ecossistemas de determinado hábitat é chamado de biodiversidade.
- O Brasil tem uma das maiores biodiversidades do mundo.
- Espécies animais e vegetais estão ameaçadas de extinção por causa das atividades humanas, como destruição de hábitats, poluição, queimadas e desmatamento.
- Muitas espécies animais e vegetais já desapareceram completamente do planeta por causa da ação dos seres humanos.

ATIVIDADES

1 Complete com a definição.

Flora: ______________________________

Fauna: ______________________________

2 Assinale a espécie animal brasileira que está ameaçada de extinção.

- [ ] Lobo-guará.
- [ ] Beija-flor.
- [ ] Gato siamês.
- [ ] Macaco-prego.

3 Converse com os colegas e com o professor sobre a ameaça de extinção que muitos animais sofrem. Na opinião de vocês, o que pode ser feito para salvar essas espécies? Escreva algumas conclusões.

4 Explique como a prática de queimadas pode ser prejudicial para a fauna e para a flora de uma região.

5 No quadro abaixo, faça um desenho com imagens de um tipo de vegetação que pode existir no nosso planeta. Escreva o nome da vegetação.

"Ressuscitando" animais e plantas

Será possível trazer de volta à vida espécies de animais e de plantas que já desapareceram do nosso planeta?

Talvez!

Muitos cientistas vêm trabalhando com a possibilidade de reproduzir em laboratórios animais e plantas já extintos.

Já pensou se os dinossauros vivessem agora?

Entretanto, isso não é fácil, porque são necessários estudos de genética e biologia, entre outros. E depende também de tecnologias que a humanidade ainda não desenvolveu completamente. Para tudo dar certo, é preciso que haja fósseis, isto é, restos desses animais e plantas para que se possa recuperar o DNA ou as células.

Enquanto isso não acontece, algumas experiências surpreendem o mundo. Por exemplo, foram encontradas em Israel sementes de mais de 2 mil anos de uma espécie de palmeira extinta. Os cientistas plantaram essas sementes e elas brotaram! A nova planta já mede mais de 1,50 m e continua crescendo.

JOSÉ LUÍS JUHAS

ATIVIDADES COMPLEMENTARES

1 Marque a resposta correta. O texto afirma que:

- [ ] é e sempre será impossível trazer de volta espécies de animais e plantas que já desapareceram do planeta.
- [ ] os cientistas continuam estudando modos de recuperar espécies de animais e plantas já extintos.
- [ ] uma experiência para ressuscitar dinossauros deu certo em Israel.
- [ ] uma experiência com sementes de mais de 2 mil anos de idade fracassou em Israel.

2 Para conseguir recuperar uma espécie extinta, o que seria necessário, de acordo com o texto?

____

____

____

3 O fato descrito sobre a palmeira que "ressuscitou" só foi possível porque:

- [ ] havia fósseis dessa palmeira.
- [ ] a experiência ocorreu em Israel.
- [ ] os cientistas encontraram sementes com 2 mil anos de idade.
- [ ] os cientistas usaram uma tecnologia secreta.

4 Às vezes, alguma espécie animal ou vegetal é considerada em risco de extinção, mas acaba sobrevivendo e deixa de ser ameaçada. Foi o que aconteceu com um animal chamado órix-da-arábia, um caprino de longos chifres. Houve uma grande campanha e um esforço enorme para salvar esse animal. Pesquise como se conseguiu essa vitória.

MAX EAREY/SHUTTERSTOCK

Órix-da-arábia.

5 Faça um desenho representando um hábitat com fauna e flora muito ricas, isto é, espécies bem diversas de animais e plantas. Use a imaginação, pois agora você vai pensar como artista!

LEIA MAIS

EDITORA CIRANDA CULTURAL

Salvem as espécies em extinção

Josep Palau e Rosa M. Curto. São Paulo: Ciranda Cultural, 2002.

Este livro fala sobre os animais e as plantas do nosso planeta e o que é preciso fazer para defendê-los da extinção.

LIÇÃO 7

Elementos da paisagem: relevo

Você sabe em qual parte do planeta Terra vivemos?

Quem respondeu que vivemos na superfície, acertou! A humanidade surgiu e se desenvolveu sobre os continentes, na superfície do planeta.

Essa superfície não é plana nem regular, não é verdade? É cheia de altos e baixos, mesmo na parte coberta pelos oceanos.

E como se chama o conjunto desses "altos e baixos"? Relevo!

Observe com atenção as duas fotografias a seguir. Elas mostram paisagens com relevos diferentes.

SHAIITH/SHUTTERSTOCK

Montanhas na Escócia.

MOSTOVYI SERGII IGOREVICH/SHUTTERSTOCK

Montanha na Noruega.

Que diferenças essas paisagens apresentam quanto ao relevo?

Relevo natural

Relevo é o conjunto de formas, de altos e baixos, da superfície terrestre.

Essas formas diferentes – terrenos planos, montes, subidas, descidas e depressões – são o resultado da ação do tempo, da erosão, dos ventos, das chuvas e de fenômenos como furacões e *tsunamis*.

Ao longo de milhares e milhares de anos, a paisagem foi se modificando, com o relevo adquirindo formas diferentes.

Quando a paisagem não sofre interferência da ação humana, dizemos que ele é **natural**. Ele se modifica apenas pela ação de fenômenos da natureza.

Os agentes que modificam o relevo natural, por sua vez, podem ser internos e externos.

Agentes internos são aqueles que atuam no interior do planeta, como tectonismo (movimento provocado por terremotos) e vulcanismo (movimento provocado pela erupção de vulcões, que despejam lava, material incandescente que cobre extensas áreas e depois endurece, alterando o relevo).

IAIN MCGREGOR/CHRISTCHURCH PRESS/AFP

Fenda em avenida causada por terremoto na Nova Zelândia, em 2010.

ROGER RESSMEYER/CORBIS

Ao fundo, montanha resultante da ação de antigo vulcão, nos Estados Unidos.

Agentes externos são os fenômenos que atuam na superfície do planeta, como o vento, a água e as geleiras.

Muitos seres vivos, como insetos e outros animais, contribuem para as mudanças do relevo natural porque escavam, constroem túneis, transportam terra e minerais de um local a outro etc.

No fundo dos mares e oceanos, o relevo se apresenta como um conjunto de formas irregulares, com montanhas, cordilheiras, depressões e abismos.

Relevo modificado

Os seres humanos, desde que surgiram no planeta Terra, interferiram nas paisagens, pois precisaram construir abrigos, vilas e cidades, além de plantar, criar estradas, pontes, túneis e barragens em rios e mares.

A interferência dos seres humanos na superfície terrestre deu origem ao que chamamos **relevo modificado**.

DELFIM MARTINS/PULSAR IMAGENS

Interferência humana no relevo causada pela construção de barragem em São José de Piranhas (PB), 2014.

O relevo natural leva um longo tempo para se transformar, mas o relevo modificado pelos seres humanos muda com muita rapidez, por causa do emprego de tecnologias surgidas nos últimos 200 anos.

DELFIM MARTINS/PULSAR IMAGENS

Interferência humana no relevo causada pela abertura de um canal para a obra de transposição do Rio São Francisco, em Sertânia (PE), 2010.

Altitudes e formas de relevo

As altitudes do relevo são sempre calculadas em relação ao nível do mar, que é contado como zero. A partir daí, calculam-se as altitudes. Dizer, por exemplo, que o topo de uma montanha tem 500 m de altura significa que ela está a 500 metros acima do nível do mar. As principais formas de relevo encontradas na superfície terrestre são planaltos, planícies, montanhas, serras e depressões.

ATIVIDADES

1 Observe as fotos e escreva se o relevo é natural ou modificado (pela ação humana).

MARCOS AMEND/PULSAR IMAGENS

Morretes (PR), 2015.

____

ANDRE DIB/PULSAR IMAGENS

Barra dos Garças (MT), 2013.

____

DELFIM MARTINS/PULSAR IMAGENS

Joanópolis (SP), 2014.

____

DELFIM MARTINS/PULSAR IMAGENS

Belterra (PA), 2014.

____

2 Marque **V** se a frase for verdadeira e **F** se for falsa.

- [ ] Os seres humanos vivem, plantam e constroem tanto na superfície como no interior do planeta.
- [ ] O conjunto de formas da superfície terrestre forma o relevo.
- [ ] O relevo pode ser natural ou modificado pelos seres humanos.
- [ ] Apenas os seres humanos conseguem modificar a forma do relevo.

3 Imagine que um vulcão entrou em erupção e passou três meses despejando lava sobre determinado vale. Quando o vulcão cessou sua atividade, a lava endureceu aos poucos. O que era um vale passou a ser um morro. Marque a frase que descreve o que aconteceu.

- [ ] O relevo foi modificado pela ação de um agente natural e interno.
- [ ] O relevo foi modificado pela ação externa do vento, que endureceu a lava.
- [ ] O relevo não pode mais ser considerado natural, porque foi modificado pelo vulcão.
- [ ] O vulcão foi um agente externo que modificou um relevo natural.

4 Complete: Os agentes que modificam o relevo natural podem ser:

a) internos, quando se originam no ______________________________,

como os ______________________________ e os

______________.

b) externos, quando se originam na ____________________, como

os ____________, a ____________ e as ____________.

5 O relevo pode ser modificado pelos seres humanos? Dê um exemplo.

____

____

6 Além dos seres humanos, outros seres vivos podem modificar o relevo? De que modo?

____

____

7 O fundo dos mares e dos oceanos também apresenta relevo? Por quê?

____

____

____

8 A cidade de São Paulo está localizada em um planalto, a 792 metros de altitude. Marque o que essa altitude significa.

- [ ] Que a cidade está a 792 metros do topo do planalto.
- [ ] Que a cidade fica a 792 metros acima do nível do mar.
- [ ] Que a cidade tem uma altitude calculada em relação ao vale mais próximo.

9 Faça uma pesquisa sobre a cidade onde você mora e responda:

Qual é a sua altitude? ______________________________.

A cidade fica em um/uma:

- [ ] vale.
- [ ] serra.
- [ ] montanha.
- [ ] planalto.
- [ ] depressão.
- [ ] planície.

Formas de representação da paisagem

As fotos revelam a paisagem em determinado momento e podem servir de base para a representação da paisagem.

Observe.

BASE AEROFOTOGRAMETRIA E PROJETOS

Praça de Belém e seus arredores, (PA) 2008.

Agora veja a planta elaborada a partir da foto.

ACERVO DA EDITORA

Você percebeu que essa planta não apresenta uma escala? Você imagina por quê?

Essa planta não apresenta escala porque ela foi feita com base em uma foto; assim, não é possível saber as medidas daquela área. Portanto, não é possível fazer uma escala. Mas quando uma planta é feita com o objetivo de construir algum prédio ou casa, ela deve conter a escala para que as pessoas que vão trabalhar na construção saibam as medidas certas.

Quando desenhamos um mapa ou uma planta, estamos fazendo a representação de um espaço como uma casa, um bairro ou uma cidade. Para que esse desenho caiba no papel, precisamos diminuir o tamanho desse espaço, sem tirar as suas características, quer dizer, para uma medida real, criamos uma medida bem menor.

0 1 m

Por exemplo: no desenho 1 centímetro vai corresponder a 1 metro do objeto real. Essa forma de representar as medidas chamamos escala.

Nos mapas, os cartógrafos sempre indicam qual foi a escala que usaram.

ATIVIDADES

1. Observe novamente a planta que foi desenhada da fotografia. No seu caderno descreva todos os elementos presentes na planta.

2. Faça uma planta da área da foto apresentada a seguir. Para isso, você vai precisar de uma folha de papel vegetal para copiar a fotografia.

   Para fazer a cópia, você deve prender o papel com fita adesiva sobre a fotografia. Com lápis de cor, vá desenhando os elementos principais da fotografia. Depois escreva a legenda.

GETTY IMAGES/COMSTOCK IMAGES

Bairro residencial de Lindgren, Flórida, Estados Unidos, 2010.

Das plantas aos mapas

As fotografias são úteis para fazer plantas e também para produzir mapas de uma região. Essas fotografias, tiradas de aviões com equipamentos especiais para isso, fornecem muitos elementos da paisagem, que são representados nos mapas por meio de diversos sinais e símbolos.

De acordo com o objetivo, podem ser feitas fotografias de áreas pequenas ou grandes. Quando se trata de um espaço muito grande, geralmente se utilizam imagens tiradas por satélites artificiais.

Você sabe o que é um satélite artificial?

É chamado de satélite artificial um veículo colocado em órbita no espaço para diversas funções como as do sistema de posicionamento global (GPS), do monitoramento do clima e da comunicação, que permite tirar fotografias, transmitir informações para televisão entre outras coisas.

Observe a imagem feita por satélite de um trecho da cidade de Brasília e depois o mapa que pode ser elaborado a partir dela.

SEC-SECRETARIA DO ESTADO DE CULTURA

Fotografia de Brasília a partir de satélite, onde é possível identificar as áreas construídas, vegetação, solo desnudo e água.

KOITI YOSHIDA

Mapa do mesmo trecho da foto de satélite de Brasília.

A representação do planeta Terra

Antigamente, os seres humanos imaginavam que o nosso planeta era uma placa enorme, mais ou menos plana. Aos poucos essa ideia foi mudando, pois alguns estudiosos perceberam que havia fenômenos que não podiam ser explicados se a Terra fosse plana. Os navios, por exemplo, desapareciam no horizonte à medida que se afastavam do litoral. No ponto onde eles desapareciam, o mar e o céu se encontravam.

KAK2S/SHUTTERSTOCK

Sabendo da forma arredondada da Terra, os cartógrafos passaram a construir globos em que desenhavam o contorno dos continentes e dos mares. Surgiu, assim, a representação do nosso planeta em forma de globo, o **globo terrestre**. Essa é uma das melhores formas de representar o planeta. Ao girá-lo ou ao circular a seu redor, podemos ter uma ideia mais próxima do real da localização dos continentes, oceanos e países. Entretanto, em um globo terrestre, podemos ver apenas uma parte da superfície.

O mapa de todos os continentes e países é a forma de representação da superfície terrestre mais utilizada em atlas, livros e para uso em escolas ou para colocar em paredes. É a forma pela qual podemos ver toda a superfície ao mesmo tempo.

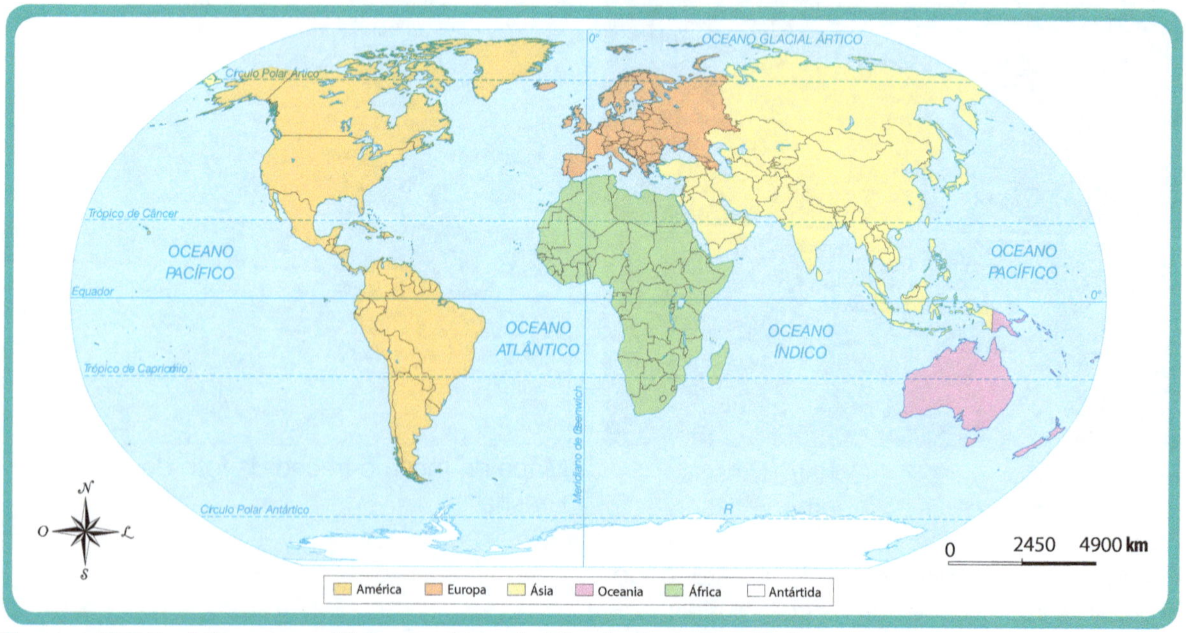

MARIO YOSHIDA

Fonte: IBEG. *Atlas geográfico escolar.* ed. Rio de Janeiro: IBGE.

EU GOSTO DE APRENDER

Nesta lição, você estudou:

- É na superfície da Terra que vivemos, plantamos e fazemos nossas construções. Essa superfície apresenta terrenos planos, altos ou ondulados, com subidas e descidas.
- Chamamos de relevo ao conjunto de formas da superfície terrestre. O que molda a superfície do planeta são os ventos, as chuvas, os terremotos e as ações humanas, entre outros fatores.
- Quando o relevo é modificado apenas por fenômenos naturais, sem intervenção humana, é um relevo natural.
- Quando o relevo é alterado pela ação humana, por construções, por exemplo, é um relevo modificado.
- Os agentes modificadores do relevo natural podem ser internos (como terremotos e vulcões) ou externos (como ventos, água e geleiras).
- A altitude de um terreno é medida sempre em relação ao mar. Uma cidade com 500 metros de altitude está, portanto, 500 metros mais alta que o mar.
- As principais formas de relevo são os planaltos, as planícies, as montanhas, as serras e as depressões.
- Há várias formas de representação das paisagens.

ATIVIDADES

1 Marque com um **X** o que pode moldar ou modificar o relevo.

- [ ] Ações humanas.
- [ ] Vento.
- [ ] Chuva.
- [ ] Terremotos.
- [ ] Ações de animais.
- [ ] Vulcões.
- [ ] Geleiras.

2 Dos agentes citados da atividade 1, quais são os internos?

3 Desses mesmos agentes, quais podem ser considerados naturais?

4 Por que os seres humanos modificam o relevo terrestre?

5 Qual é a diferença entre relevo natural e relevo modificado?

6 Faça em uma folha de papel avulsa desenhos ou colagem de imagens mostrando relevos naturais e modificados. Depois, exponha seu trabalho no mural da turma. Lembre-se de escrever as legendas!

Os seres humanos se beneficiam com o relevo

DABLDY/SHUTTERSTOCK

Em lugares quentes, ir à praia é uma das principais atividades de lazer das pessoas, especialmente nos períodos de férias e em feriados prolongados.

LKOIMAGES/SHUTTERSTOCK

Em lugares frios e montanhosos, as pessoas costumam realizar esportes de inverno, como esquiar na neve.

Você já imaginou se a superfície terrestre (também chamada de crosta terrestre) fosse lisa e regular, isto é, não apresentasse montanhas, vales, cordilheiras e depressões?

Como seria a vida dos seres humanos? Certamente, bem mais pobre e muito aborrecida!

É a variação do relevo que oferece aos seres humanos uma série de benefícios, a começar pelo lazer: as pessoas podem ir à praia ou escalar uma montanha, por exemplo. E pense nas atividades agrícolas! Há plantas e produtos vegetais que só podem ser cultivados em lugares altos, enquanto outros, ao contrário, só em lugares baixos. O mesmo ocorre com os minérios: uns são encontrados em montanhas, outros no fundo dos vales.

E será que os seres humanos cuidam bem do relevo dos locais onde vivem?

Nem sempre. A interferência humana na paisagem, às vezes, produz catástrofes! Quando uma empresa, por exemplo, destrói um barranco ou acaba com a vegetação de um lugar, pode estar facilitando a ação da erosão e a ocorrência de deslizamentos de terra. Se houver moradias, todas correm o risco de ser soterradas!

ATIVIDADES COMPLEMENTARES

1. O texto afirma que:

   ( ) o formato diversificado do relevo terrestre traz benefícios para os seres humanos.

   ( ) seria melhor para as pessoas se o relevo terrestre fosse liso e regular.

   ( ) a erosão prejudica os seres humanos apenas quando é provocada por fatores naturais.

   ( ) o relevo irregular do nosso planeta traz mais catástrofes do que benefícios para os seres humanos.

2. Você já teve alguma experiência de lazer na qual foi possível observar a diversidade de relevo? Qual?

   ____

   ____

3. De que modo mudanças provocadas por seres humanos podem tornar o relevo perigoso?

   ____

   ____

   ____

4. Existe alguma relação entre produção de alimentos e relevo? Qual?

   ____

   ____

   ____

5 Complete as frases para resumir o texto que você leu.

a) As formas ______________ do relevo terrestre trazem muitos ______________ para os ______________________.

b) Por causa do relevo, os seres humanos podem variar seu ____________________, por exemplo, ou ter produtos ____________________ diversificados.

c) O relevo também favorece a existência de diferentes tipos de ________________, que podem ser extraídos em lugares ______________________.

d) A interferência humana na paisagem, às vezes, produz ______________________.

e) Quando uma empresa destrói um barranco ou acaba com a vegetação de um lugar, pode estar facilitando a ação da ____________ e a ocorrência de ______________.

LEIA MAIS

EDITORA CARAMELO

O espirro do vulcão

Tatiana Belinky. São Paulo: Caramelo, 2011.

Em versos bem divertidos, a consagrada escritora Tatiana Belinky fala de vulcões e suas incríveis características.

LIÇÃO 8

Interferência humana na paisagem

Tudo aquilo que nossos olhos conseguem ver em determinado momento é uma paisagem. Todos os objetos, construções, formas de relevo e seres vivos presentes no lugar formam a paisagem.

GALERIA JACQUES ARDIES

Subúrbio (2004), de Airton das Neves.

Na paisagem acima você pode identificar elementos naturais e elementos criados pelos seres humanos. Esses elementos variam muito de um lugar para outro. Por isso, as paisagens são diferentes.

A paisagem natural é constituída de relevo, vegetação, clima, rios e outros elementos do ambiente, sem nenhuma interferência do ser humano.

Quando os seres humanos passam a explorar os recursos da naturezas, eles modificam a paisagem. Esses recursos naturais podem ser renováveis ou não renováveis.

Os recursos naturais extraídos da natureza em ritmo mais lento que conseguem se recompor e se renovar para novo aproveitamento pelos seres humanos são chamados **recursos renováveis**, como a água e os frutos das árvores.

Quando os recursos demoram muito tempo para se recompor e os seres humanos não podem reutilizá-los são chamados **recursos não renováveis**, como o petróleo, utilizado na produção de combustíveis para automóveis e máquinas.

Quando a paisagem natural é transformada pelos seres humanos, dizemos que ela foi modificada. Algumas modificações humanas que podemos observar nas paisagens naturais são as construções de avenidas, ruas, pontes, viadutos, casas, edifícios, túneis e barragens, entre outras.

DELFIM MARTINS/PULSAR IMAGENS

Praia da Armação, Florianópolis (SC), 2008. Paisagem natural, ou seja, sem interferência dos seres humanos.

RICARDO AZOURY/PULSAR IMAGENS

Unidade de extração de petróleo em Guamaré (RN), 2012.

PAULO FRIDMAN/PULSAR IMAGENS

Nesta foto da Avenida Gustavo Richard, em Florianópolis (SC), vê-se a paisagem modificada por casas, ruas e avenidas construídas pelos seres humanos.

As relações entre os seres humanos e os elementos da paisagem

Muitas vezes, os seres humanos fazem modificações que prejudicam o ambiente em que vivem: contaminam a água dos rios, matam os animais, poluem o ar, fazem queimadas e derrubam as florestas.

As consequências dessas modificações são ruins: o ar e a água poluídos causam doenças; com a derrubada de florestas, espécies de animais e vegetais desaparecem.

Tudo isso pode ser evitado com planejamento e providências, como a instalação de equipamentos antipoluição nas indústrias e nos veículos, o replantio de árvores derrubadas e o uso de técnicas adequadas para o cultivo do solo.

LUOMAN

Área desmatada na Amazônia. Foto de 2011.

FRED CARDOSO

Esta paisagem foi inteiramente construída pela natureza. A foto mostra uma formação rochosa conhecida como Pedra Furada, no município de Jericoacoara (CE).

ATIVIDADES

1 Observe as paisagens e complete as frases.

a) Na paisagem da foto ao lado, é possível observar elementos naturais, como:

____

____

____

______________________________.

EDSON SATO/PULSAR IMAGENS

Amanhecer na aldeia Yanomâni, no estado do Amazonas.

b) Na paisagem da foto ao lado, predominam elementos construídos pelo ser humano, como:

____

____

____

______________________________.

JACEK/KINO

Avenida Paulista, São Paulo (SP), 2010.

c) Na paisagem da foto ao lado, podemos ver elementos naturais, como:

____

____

____

______________________________.

LUCIANA WHITAKER/ PULSAR IMAGENS

Baía de Guanabara, localizada no estado do Rio de Janeiro.

2. Imagine um ambiente que não teve nenhuma interferência do ser humano e desenhe-o no seu caderno. Escreva se é uma paisagem natural ou uma paisagem modificada.

3. Escreva três modificações que o ser humano faz na paisagem para facilitar seu transporte.

____

____

____

4. Marque com um **X** somente as afirmações corretas.

- [ ] O Sol, a água, o ar e as plantas são elementos naturais.
- [ ] O ser humano nunca prejudica o meio em que vive.
- [ ] A derrubada de árvores deve ser uma atividade planejada para conservar a natureza.
- [ ] A paisagem natural não foi criada pelo ser humano.
- [ ] Algumas ações dos seres humanos podem contaminar os rios.
- [ ] Ar e água poluídos podem causar doenças.

5. As modificações feitas pelos seres humanos na paisagem sempre são positivas? Explique.

____

____

____

____

Os tipos de extrativismo

De acordo com o recurso explorado, podemos classificar o tipo de extrativismo realizado. Veja estas imagens.

LUCIANA WHITAKER/PULSAR IMAGENS

Extração mineral em pedreira localizada em Cardoso Moreira (RJ), 2014.

THOMAZ VITA NETO/PULSAR IMAGENS

Extração vegetal realizada por seringueiro em Neves Paulista (SP), 2012.

Você nota alguma diferença entre elas?

As imagens indicam, respectivamente, exploração de recursos minerais e vegetais. Por isso, esses tipos de extrativismo são classificados como **extrativismo mineral** e **extrativismo vegetal**.

Fontes de energia

Muitos recursos naturais podem ser utilizados como fontes de energia.

A madeira, por exemplo, pode ser queimada para aquecer caldeiras ou fornos utilizados com diferentes finalidades.

Já o carvão é utilizado em indústrias metalúrgicas e siderúrgicas.

GERSON GERLOFF/PULSAR IMAGENS

A lenha é um recurso natural que pode ser utilizado em indústrias para o aquecimento de fornos. Na imagem, o forno é utilizado para secagem de erva-mate em Concórdia (SC), 2012.

ATIVIDADES

1 Observe as imagens a seguir e indique se são recursos naturais renováveis ou não renováveis.

a) 

MARIA CHAVDAROVA MAVRON/ SHUTTERSTOCK

____

b) 

RUBENS CHAVES/PULSAR IMAGENS

____

c) 

JOÃO PRUDENTE/PULSAR IMAGSN

____

d) 

GERSON GERLOFF/PULSAR IMAGENS

____

2 Complete as frases a seguir com as palavras ou expressões indicadas entre parênteses.

a) Os recursos renováveis ______________ e podem ser explorados novamente pelos seres humanos. (se recompõem/não se recompõem)

b) Os recursos não renováveis ______________ e não podem ser explorados novamente pelos seres humanos. (se recompõem/não se recompõem)

c) Os recursos naturais, como a madeira e o carvão, podem ser utilizados como ______________. (fontes de energia/alimentos)

EU GOSTO DE APRENDER

Nesta lição, você estudou:

- os seres humanos realizam modificações na paisagem ao explorar os recursos existentes na natureza;
- recursos naturais renováveis são aqueles que podem ser recompostos pela natureza, como água, sol, vegetais e animais;
- recursos naturais não renováveis são aqueles que não podem ser recompostos pela natureza, como minério e petróleo;
- extrativismo vegetal é a retirada de plantas da natureza para aproveitamento de madeira, fibras, folhas, sementes, raízes etc.;
- extrativismo mineral é a retirada de minérios do solo e do subsolo, como ferro e carvão, entre outros;
- os seres humanos também utilizam os recursos naturais para obter energia.

ATIVIDADES

1. Marque **F** para as frases falsas e **V** para as verdadeiras.

- [ ] Os recursos naturais podem ser usados à vontade, porque todos eles são repostos pela natureza.
- [ ] São exemplos de recursos naturais renováveis os vegetais, a água, o Sol etc.
- [ ] A água é renovável, mas precisa ser usada com consciência para não haver desperdício.
- [ ] Os vegetais são recursos naturais importantes porque nos servem de alimento.
- [ ] O petróleo é um exemplo de recurso natural renovável.

2 Associe as duas colunas de acordo com o tipo de extrativismo.

A Extrativismo vegetal

B Extrativismo mineral

( ) Retirada de babaçu, látex e castanha-de-caju.

( ) Retirada de petróleo.

( ) Retirada de gás natural.

( ) Retirada de vários tipos de cipó.

3 Pesquise e marque qual é o tipo de energia mais utilizado no Brasil e escreva de onde essa energia é retirada.

( ) Energia eólica.

( ) Energia elétrica.

( ) Energia das marés.

( ) Energia solar.

Essa energia é retirada ______________________________

______________________________.

4 Qual é a fonte de energia utilizada em:

a) Indústrias? ______________________________. É uma matéria-prima renovável ou não renovável? ______________________________.

b) Caldeiras ou fornos?______________________________. É uma matéria-prima renovável ou não renovável? ______________________________.

5 Descubra no diagrama a seguir as palavras relacionadas ao tema "petróleo".

A	T	D	E	Z	G	D	F	R	Z	E
S	M	S	M	P	C	D	Ç	I	P	N
D	E	U	O	I	T	O	H	N	L	E
V	U	B	B	E	S	G	R	T	X	R
H	J	S	A	G	D	E	Z	P	M	G
T	C	O	D	E	V	O	L	O	M	I
O	A	L	D	V	Y	L	N	Z	T	A
P	W	O	S	N	P	O	Ç	O	E	V
B	R	C	Ç	L	G	G	M	O	Z	R
Ç	I	K	D	W	B	I	I	W	A	J
Z	E	Y	Z	X	A	A	A	A	Q	U

6 Nos quadros a seguir, faça desenhos que representem recursos renováveis e não renováveis.

Recursos renováveis

Recursos não renováveis

EU GOSTO DE APRENDER+

As crianças souberam primeiro que havia petróleo no Brasil!

Em 1937, o escritor brasileiro Monteiro Lobato escreveu um livro para crianças chamado *O poço do Visconde*.

COMPANHIA EDITORA NACIONAL

Capa do livro escrito por Monteiro Lobato e publicado em 1937. As ilustrações foram feitas por um desenhista muito famoso na época, chamado Belmonte.

Nesse livro, o Visconde, um personagem do Sítio do Picapau Amarelo, explicava muito bem para o Pedrinho, a Narizinho, a Emília, a Dona Benta e a tia Nastácia como o petróleo se formava, em milhões e milhões de anos. Ele também dava outras aulas de Geologia, isto é, a respeito da formação do solo e do subsolo do planeta Terra. Finalmente, ele convencia a turma do sítio de que o Brasil tinha muito petróleo no subsolo e, com base nesses dados, uma grande aventura se iniciava, pois eles decidiram cavar um poço ali mesmo onde estavam.

Nessa época, no Brasil, as autoridades e os técnicos diziam que era impossível haver petróleo no nosso país. Monteiro Lobato, ao escrever *O poço do Visconde*, desafiou essas pessoas.

Nenhum adulto acreditou nele, só as crianças!

E, de fato, em 1939, descobriu-se petróleo no Recôncavo Baiano, uma região do estado da Bahia.

Depois disso, foram descobertas outras bacias no litoral brasileiro. Entre as maiores e mais famosas, além do Recôncavo Baiano, temos também as bacias de Campos, de Santos e do Espírito Santo. Atualmente, o Brasil é um grande produtor de petróleo. O escritor estava certo, e as crianças que leram *O poço do Visconde* também!

ATIVIDADES COMPLEMENTARES

1. O assunto do texto é:

- [ ] uma explicação sobre como o petróleo se forma.
- [ ] uma entrevista dada por Monteiro Lobato em 1939.
- [ ] um livro infantil escrito por Monteiro Lobato, prevendo a existência de petróleo no Brasil.
- [ ] a história completa de como se descobriu petróleo no estado da Bahia.

2. O livro escrito por Monteiro Lobato tinha no título o nome de um personagem bem conhecido das crianças. Quem era esse personagem?

____

3. Por que o título desse texto diz que "as crianças souberam primeiro que havia petróleo no Brasil"?

____

____

4. Você conhece esse escritor? Já leu alguma de suas obras? Quais?

____

____

____

5. Você conhece algum outro livro que trate do petróleo ou de outros tipos de recursos naturais? Qual? Escreva no caderno o nome desse livro e do autor.

6 Em sala de aula, converse com os colegas e verifique se o livro indicado por eles é igual ao seu. Caso não seja, contem as histórias um para o outro!

7 O petróleo é uma fonte de energia não renovável, por isso é muito procurado. Também é um produto muito valorizado, porque é matéria-prima para a fabricação de vários produtos, sendo os combustíveis os mais importantes. Mas como os seres humanos farão quando as reservas acabarem? Converse com os colegas e com o professor a esse respeito e dê sua opinião. Depois, registrem suas conclusões abaixo.

LEIA MAIS

EDITORA GLOBO

O poço do Visconde

Monteiro Lobato. Ilustrações de Hector Gomez. São Paulo: Globo, 2010.

O Visconde de Sabugosa estuda um livro de Geologia de Dona Benta e conclui que há petróleo no Sítio do Picapau Amarelo. A turma resolve, então, cavar um poço.

ALMANAQUE

1. Cole os adesivos do final do livro nos espaços abaixo, com atividades que podem ser realizadas nas ruas.

Passeios com bicicleta nas ciclovias.

Comércio popular de produtos diversos.

Feira de frutas, verduras, legumes etc.

Desfile de escolas de samba.

Feira de artesanato.

2 Indique se as imagens são de paisagens naturais ou modificadas.

RICARDO AZOURY/KEYDISC

Moradias em Porto Seguro, no estado da Bahia.

____

ZIG KOCH/OLHAR IMAGEM

Curitiba, no estado do Paraná.

____

BASE AEROFOTOGRAMETRIA E PROJETOS

Vista aérea do bairro Morumbi, no município de São Paulo.

____

KLEBER SILVA/SHUTTERSTOCK

Chapada dos veadeiros, no estado de Goiás.

____

3 Você já aprendeu que a água é fundamental para a vida! Por isso, é importante evitar seu desperdício no dia a dia.

Agora, observe as imagens abaixo e marque duas atitudes que devem ser tomadas para diminuir o desperdício de água.

ALE RUARO/PULSAR IMAGENS

☐

CREATAS

☐

JUPITER IMAGES

☐

CLARO ALINDOGAN

☐

4 No diagrama abaixo, circule de azul as matérias-primas. Depois, indique o nome de produtos industrializados com base em cada matéria-prima encontrada.

A	U	V	A	N	M	N	O	L	M	S	H	E	M	S
N	V	C	B	V	C	Q	T	B	C	N	J	K	L	U
S	A	Q	S	O	O	E	T	A	P	R	T	M	N	A
O	O	I	E	S	T	A	W	R	V	N	B	V	C	L
J	X	C	N	V	Q	O	Z	R	T	E	T	R	E	G
A	N	T	Z	V	B	N	M	O	L	P	C	U	T	O
Y	Q	M	A	D	E	I	R	A	L	E	A	T	U	D
N	B	V	C	X	Z	D	E	S	T	Q	C	G	J	Ã
X	S	S	A	G	J	J	P	Q	Z	O	A	O	B	O
O	G	F	D	S	I	Y	T	R	W	Q	U	B	N	M

Cole os adesivos na página 110.